本书为"2022年山东省教育科学规划创新素养专项课题——素养影响主因子及培育路径研究"（课题编号：2022CYB352）和"2022年度高等教育科学研究规划课题——高职外语数字化教学资源建设路径和应用成效提升策略研究"（课题编号：22GDZY0317）的阶段性研究成果。

高职英语教学理论与改革实践研究

刘桂梅　著

北京工业大学出版社

图书在版编目（CIP）数据

高职英语教学理论与改革实践研究 / 刘桂梅著. — 北京：北京工业大学出版社，2023.5
ISBN 978-7-5639-8654-5

Ⅰ. ①高… Ⅱ. ①刘… Ⅲ. ①英语—教学研究—高等职业教育 Ⅳ. ①H319.3

中国国家版本馆CIP数据核字（2023）第096270号

高职英语教学理论与改革实践研究
GAOZHI YINGYU JIAOXUE LILUN YU GAIGE SHIJIAN YANJIU

著　　者：	刘桂梅
责任编辑：	张　娇
封面设计：	知更壹点
出版发行：	北京工业大学出版社
	（北京市朝阳区平乐园100号　邮编：100124）
	010-67391722（传真）　　bgdcbs@sina.com
经销单位：	全国各地新华书店
承印单位：	北京银宝丰印刷设计有限公司
开　　本：	710毫米×1000毫米　1/16
印　　张：	12
字　　数：	240千字
版　　次：	2023年5月第1版
印　　次：	2023年5月第1次印刷
标准书号：	ISBN 978-7-5639-8654-5
定　　价：	72.00元

版权所有　　翻印必究

（如发现印装质量问题，请寄本社发行部调换 010-67391106）

作者简介

刘桂梅，女，青岛职业技术学院副教授。2003年毕业于武汉理工大学，获文学学士和管理学学士学位。2012年毕业于中国海洋大学，硕士。研究方向：商务翻译、国际职业教育对比。2016年，获新西兰怀卡托理工学院"全球研究合作伙伴"全额资助，先后赴新研修并开展国际交流培训讲座多次。2015年至今，担任中国-新西兰职业教育示范项目委员会委员。个人曾获"青岛市青年岗位能手""学院最受学生欢迎教师"、山东省信息化教学大赛课堂教学比赛三等奖，指导学生获得全国职业院校技能大赛高职组"高教社杯"英语口语赛项二等奖、"外研社杯"全国高职高专英语写作大赛山东省特等奖等；先后在《中国职业技术教育》《当代职业教育》《佳木斯教育学院学报》等期刊发表论文多篇，主持省级课题2项、市级课题5项；参编教材多部。

前　言

近年来，作为目前国内职业教育主要形式之一的高职教育得到了迅速发展，其中英语教学扮演着重要的角色。但高职院校英语教学也存在着与社会需求不相适应的现象，这就要求我们加强对高职英语教学的理论研究与改革实践探索。在高职英语教学实践中，一方面，要注意学习和研究应用教育心理学等方面的相关理论；另一方面，要注意理论联系实际，结合学校高素质技术技能人才培养的改革实践，积极探索高职英语教学的改革和创新路径。可以说，高职英语教学的新特点要求我们不断研究和探索，以适应高职教育蓬勃发展的新形势。

全书共六章。第一章为绪论，主要阐述了高职英语教学的内涵阐释、高职英语教学的培养目标、高职英语教学的基本原则、高职英语教学的实施条件、高职英语教学改革的必要性等内容；第二章为高职英语教学的理论基础，主要阐述了建构主义理论、人本主义理论、认知主义理论、能力本位理论、学习金字塔理论、脚手架理论、最近发展区理论等内容；第三章为高职英语教学改革的理念，主要阐述了成果导向理念、产出导向理念、三全育人理念、立德树人理念等内容；第四章为高职英语教学方法的改革，主要阐述了全身反应法、逆向教学法、多媒体教学法、互动式教学法、启发式教学法、自主学习教学法、过程体裁教学法等内容；第五章为高职英语教学模式的改革，主要阐述了分级教学模式、创客教学模式、情感教学模式、深度学习模式、分层教学模式、混合式教学模式、"输入—输出"教学模式、研究性学习教学模式等内容；第六章为高职英语教学改革的策略，主要阐述了高职英语教师的角色调适、高职英语人才培养的优化、高职英语课程思政教学改革、高职英语实践教学体系构建、高职英语数字化教学资源建设与应用、高职英语职业技能竞赛组织、高职英语考核评价体系改革等内容。

笔者在撰写本书的过程中借鉴和吸收了许多前人的研究成果，参考了大量的文献资料，在此，谨向各位专家、学者表示诚挚的谢意！

由于笔者的学识、时间和精力方面的局限，书中难免有疏漏和不当之处，敬请各位专家、读者不吝赐教。

目 录

第一章 绪论 ··· 1
 第一节 高职英语教学的内涵阐释 ·· 1
 第二节 高职英语教学的培养目标 ·· 2
 第三节 高职英语教学的基本原则 ·· 3
 第四节 高职英语教学的实施条件 ·· 7
 第五节 高职英语教学改革的必要性 ··································· 12

第二章 高职英语教学的理论基础 ··· 14
 第一节 建构主义理论 ··· 14
 第二节 人本主义理论 ··· 17
 第三节 认知主义理论 ··· 25
 第四节 能力本位理论 ··· 29
 第五节 学习金字塔理论 ··· 33
 第六节 脚手架理论 ·· 38
 第七节 最近发展区理论 ··· 43

第三章 高职英语教学改革的理念 ··· 48
 第一节 成果导向理念 ··· 48
 第二节 产出导向理念 ··· 53
 第三节 三全育人理念 ··· 59
 第四节 立德树人理念 ··· 63

第四章 高职英语教学方法的改革 ... 67
- 第一节 全身反应法 ... 67
- 第二节 逆向教学法 ... 75
- 第三节 多媒体教学法 ... 79
- 第四节 互动式教学法 ... 85
- 第五节 启发式教学法 ... 90
- 第六节 自主学习教学法 ... 93
- 第七节 过程体裁教学法 ... 97

第五章 高职英语教学模式的改革 ... 104
- 第一节 分级教学模式 ... 104
- 第二节 创客教学模式 ... 109
- 第三节 情感教学模式 ... 115
- 第四节 深度学习模式 ... 126
- 第五节 分层教学模式 ... 130
- 第六节 混合式教学模式 ... 144
- 第七节 "输入—输出"教学模式 ... 150
- 第八节 研究性学习教学模式 ... 152

第六章 高职英语教学改革的策略 ... 158
- 第一节 高职英语教师的角色调适 ... 158
- 第二节 高职英语人才培养的优化 ... 161
- 第三节 高职英语课程思政教学改革 ... 164
- 第四节 高职英语实践教学体系构建 ... 169
- 第五节 高职英语数字化教学资源建设与应用 ... 173
- 第六节 高职英语职业技能竞赛组织 ... 176
- 第七节 高职英语考核评价体系改革 ... 178

参考文献 ... 183

第一章　绪论

本章将围绕高职英语教学展开论述，从高职英语教学的基本理论与改革必要性入手，对高职英语教学的相关内容进行简要分析，借此对教学改革背景下的高职英语教学产生更深刻的认识。本章分为高职英语教学的内涵阐释、高职英语教学的培养目标、高职英语教学的基本原则、高职英语教学的实施条件、高职英语教学改革的必要性五部分。

第一节　高职英语教学的内涵阐释

一、英语教学的定义

在我国，英语在某种程度上缺乏一定的语言使用环境与使用对象，这就对英语教学提出了难题。可以说，英语教学能够直接影响学习者的英语水平和语言运用能力。

英语教学是一种教育活动。对教师而言，教学是引导学生学习的教育活动；而对学生来说，教学则是在教师的引导下进行的学习活动。学生是否得到发展是教学能否实现其目标的关键。教学是一个师生互动的过程，是教师教和学生学，共同完成预定任务的双边统一的活动。

总的来讲，可以将英语教学的内涵概括为：教师依据一定的英语教学目的与教学目标，在有计划的、系统性的过程中，借助一定的方法和技术，以传授和掌握英语知识为基础，促进学生整体素质发展的教与学相统一的教育活动。

二、高职英语教学的概念

在理解高职英语教学这一概念之前，首先需要对高职英语有一个清晰的认识。高职英语是高等教育的重要组成部分，旨在培养高技能人才。与普通高校英语教学相比，高职英语对学生掌握英语语言知识的要求更低，但是更加注重和强调英语语言的运用能力，注重能力为本，倡导就业导向，更加注重其应用性和针对性。高职英语教学总体分为针对高职院校中英语专业的专业英语教学以及面向高职院校非英语专业学生的公共英语教学。

高职英语教学是指高职英语教师根据高职英语教学目标以及相关课程标准，通过分析高职学生的特点，包括其知识基础、专业特点等，制定合适的教学目标，选择适当的教学策略以及教学方法等，设计多样的教学活动，运用合理有效的评价方式，形成有序的活动流程和具体的操作方案，以指导教学过程的有效实施，从而实现高职英语教学目标。

第二节　高职英语教学的培养目标

通过对高职英语教学内涵的总结可以看出，高职英语教学不仅是单一的语言工具教学，同时也是语言文化的教学，是对学生跨文化交际能力的培养。随着我国对外交流的扩展，高职英语教学对于提高我国国民的英语能力、扩展中国文化软实力的作用愈加显现，对于提升我国的国家形象也大有裨益。总体来说，高职英语教学的培养目标主要包括以下两个方面。

一、明确文化定位

在进行高职英语教学中，需要明确母语文化和目的语文化的定位。中华文化是世界文化中的珍宝，在人类文明中占据着重要的地位，高职英语教学在内容的安排上也应该以中华文化为基础。在跨文化交际过程中，交际者如果不了解自身母语文化是无法进行长久交谈的。可以说，母语文化是进行跨文化交际的根本。但是，在具体的高职英语教学中进行中国本民族文化的教学似乎有点本末倒置。鉴于此，教师可以基于母语文化、英汉文化对比等内容展开对母语文化的学习，同时能在一定程度上提升学生的文化对比能力。

在许多国家，英语是官方公认的通用语言，并已成为全球性的国际通用语言。随着英语使用范围的扩大，其在交际中的传播与媒介作用也愈加凸显。鉴于此，高职英语教学必须紧跟时代发展的步伐，扩展教学内容。围绕相关英语国家的主要文化展开教学是高职英语教学的重要内容，在此过程中，需要培养学生的文化身份意识，定位自身的文化属性。

只有了解了英语国家文化，学生才可以更加深刻地理解英语。从这个意义上说，高职英语教学在文化传承上也有着重要的媒介作用，需要学生在认识本国文化的基础上，积极吸收不同国家文化的精华，从而为日后的跨文化交际打下良好的基础。

二、培养学生能力

文化的学习是为语言的应用服务的。高职英语教学在培养人才的过程中还需要注重对学生语言能力的培养。具体来说，高职英语教学需要让学生达到和具备以下两个层次的程度和能力。

（一）使用英语表述母语文化的能力

高职英语教学人才培养的第一层次是使学生能够使用英语对自身母语文化进行表述。中华文化在国际上的传播需要提升本国文化的发言数量与质量。在国际舞台上，交际者能够使用英语对母语文化进行阐释和表述便增加了文化的传播性与宣传性。这种母语文化的表述也在一定程度上提升了我国的文化软实力。

（二）深刻理解英语文化的深层内核

高职英语教学人才培养的第二层次是使学生了解目的语文化的深层内核。这种对目的语文化的了解需要学生具备一定的目的语文化理解能力，在交际中能够有意识地减少或避免文化交流障碍。

第三节 高职英语教学的基本原则

一、以学生为中心原则

高职英语教学的首要原则就是坚持以学生为中心。所谓以学生为中心的原则强调的是在教育活动和教育过程之中彰显出学生的主体地位，学生在教师的引导之下能够对学习过程进行自主规划，相对于传统的教学方式，以学生为中心的教学是一种高度为学生负责的教学理念。高职英语课堂教学如果能充分发挥以学生为中心原则的作用，就能够有效地开发学生的主观能动性，彰显学生的主体地位，培育学生的英语实践能力，达到预期目标。

教育工作者要自觉担任教学活动的组织者、引导者的角色，结合学生的实际学习要求和职业院校英语教学的特点,对教学内容和教学过程展开科学的设计。和传统的教育理念对比便可以很明显地看出以学生为中心教学的优势,教师只需要利用少部分的时间去讲解英语知识的基础内容即可,把大部分的时间留给学生展开具有实践性的英语独立活动,也可以为学生打造具有互动性的英语学习情境,从而加速学生对英语知识的吸收和内化,把所学的内容更好地转变为自己的英语知识和英语能力。

在英语教学过程中,教师要遵循以学生为中心的原则,就要做到如下几点。

(一)制定科学的教学方案

保证教学活动顺利开展的一个重要依据就是制定科学的教学方案。教师要坚持以学生为中心,必须根据学生的语言接受水平和语言运用能力确定合理的教学目标、教学任务、教学计划、评定方法等。如果教学方案不可行,那么就难以提高学生的语言水平。

(二)积极转变课堂角色

在高职英语课堂中,教师要改变传统的教学模式,秉持"以学生为中心"的教学原则,转变课堂角色,即教师的角色应是教学活动的设计者和组织者、教学过程的指导者和指挥者。同时,教师应围绕所教内容和学生学习的现实需求,开展丰富多彩的教学活动、安排有趣有效的课堂活动,以完成教学任务。具体来说,在教学过程中,教师要将学生作为课堂教学的主体,让学生充分参与课堂教学活动,引导学生积极地、主动地探索学习、发现学习,从而不断丰富自己的知识结构,并做到学以致用。在教学过程中,教师不仅是知识的传授者、解惑者,而且能够对学生起到一个引导作用,帮助学生更加有效地理解知识,寻找到适合自己的英语学习方法。教师要引导学生在学习过程中发挥主体作用,使其对学习模式进行自我探索和探究,而学生在学习过程中要善于发现、思考、分析和解决问题。

教师在整个教学过程中是引导者,帮助学生在学习过程中提高自主学习的能力。学生要认识到自己是学习的主人,并在学习过程中积极主动地投入进去;要从多个方面激发自我学习英语的潜能,制定科学且切实可行的学习计划,从思想意识上认识到努力才会有收获;也要对在学习英语的过程中发现的一些问题进行适当的表达和实践,在探索过程中不断提升自己的英语水平;同时,学生也要多与同学进行合作和交流,多练习口语,这样才能提升自己的表达能力,学会更多的交流技巧,为日后的学习和工作做好知识和技能的储备。学生要从自身角度意识到只有积极努力地学习,才能真正体会到学习的价值和意义。

二、文化性原则

文化性原则也是高职英语教学要遵循的原则之一。培养学生的英语交际能力是英语教学的重要目标，而要达到成功的交际，既离不开扎实的语言功底，又需要一定文化背景知识的储备。具体而言，在高职英语教学中，教师可以通过如下方式导入文化知识：第一，注意捕捉教材中的文化信息；第二，运用真实的情境教授文化知识；第三，认真分析中西方文化的差异。

三、趣味性原则

趣味性原则，顾名思义，就是在教学过程中，教师的教学内容注重实用性，以激发学生的学习兴趣为出发点，以提高教学和学习效率为目标，创造性地利用教材、多媒体教学资源以及各种趣味性教学手段进行教学设计和教学实施的原则。在高职英语教学中，趣味性原则是英语教学中应遵循的重要原则之一。

在趣味性原则中，还有很多细则，具体分析如下。

（一）适量原则

趣味性活动的设计要把握适量原则。趣味性活动是一把双刃剑，并不是设计得越多越好，教师若在一节课中频繁地在各种活动之间切换，课堂看似很"热闹"，其实也会使学生的学习流于表面。在高职班级上课时，为了提高学习效率，课上通常只涉及一种趣味性活动，大部分的趣味性教学活动会借助互动平台通过布置线上作业的方式留给学生在课下完成。

（二）服务性原则

趣味性教学要坚持为语言教学服务的目标。趣味性教学原则要求教学内容对学生来说是"有用"的，且是学生感兴趣的。在选择教学内容之前，最好对高职各阶段学生进行问卷调查，了解学生的兴趣和需要。在借助视频等数字化教学资源来增加课堂的趣味性时，要注意引导学生关注语言知识，避免学生只对故事情节感兴趣，而忽略了语言学习这一最终目标。

合理的数字化教学资源还能在课堂中为学生提供语言习得成分，若英语教师能够运用得当，在教学中便会起到事半功倍的效果。数字化教学资源中包含大量的语言和非语言信息，若运用不当，也会转移学生的注意力，或增加学生的学习负担，适得其反。

在实施趣味性英语教学时，教师需要注意的是，游戏只是教学的一种形式。教师进行游戏的目的是通过游戏再现知识点，帮助学生理解和巩固知识。教师要提前对题目难度进行预测，若难度较大，最后要留出相应的时间对学生未掌握的知识点进行再讲解和再运用，不能为了游戏而游戏。

（三）针对性原则

趣味性教学要加强针对性。通过访谈发现，不同年龄、不同水平的学生对趣味性学习的偏好不同：对于基础班的学生来说，偏形式化的游戏教学设计更适合由教师呈现给学生；有一定基础的学生则更愿意加入竞赛游戏获得成就感；更高年级的学生有自己的想法和立场，表层的游戏形式已经不能较好地激发他们学习的内在动力，教师更应关注语言本身的趣味性与实用性。

游戏教学是一把双刃剑，需要教师和学生较好地配合。教师若有效地加以运用，就能事半功倍，达到兴趣和语言的双丰收；若运用不当，反而费时费力，还可能挫伤学生的积极性，甚至造成教学事故。在教学实践中，教师需要在了解各班学生学情的前提下，选择个性化和多样化的教学方法。

（四）反思性原则

为了保证教学更高效、顺利、有序地进行，趣味性教学设计的准备、实施和教学效果需要一线英语教师在实践中不断总结和反思。

首先，在趣味性教学设计方面，教师需要在实践中不断总结注意事项，反思教学效果。例如，在游戏的题量设计方面，过多的题量容易使学生的做题速度拉开差距，做错题目之后容易产生畏难情绪而中途放弃游戏，不利于整体的教学实施。因此，在进行趣味性教学设计时，应综合考虑学生的实际情况，有效地将所学内容与趣味性教学设计相结合。

其次，教师要反思自己的趣味性教学实施。作为一名合格的高职英语教师，除了要有丰富的理论知识，更应学习多媒体技术，熟练掌握各教学平台的功能，提高自己的线上教学技能。线上教学借助多媒体技术手段，在资源共享、尊重学习者主体性、增加课堂趣味性等方面存在较为显著的优势。要想达到较好的学习效果，教师需要结合线上教学平台运营模式的特点和学习者的具体学情有针对性地选择和创新已有教学模式，在不断的试错中使趣味性教学设计发挥最大的作用。此外，一些学校按水平分班的模式需要教师针对不同的班型和学生特点思考哪些提高课堂趣味性的手段是适用于英语教学的，哪些是需要改进和创新的，针对不同教学对象的英语水平和个性特征进行趣味性教学设计时要注意哪些细节，怎样将英语语言知识与趣味性活动相结合，这些问题都值得教师反复推敲。

最后，教师要反思学生的学习效率和课堂体验。学生是教学的主体，教师在教学中要时刻以学生为中心，注重挖掘学生的兴趣点，确保学生在完成学习任务的同时获得良好的课堂体验。在教学实践中要适当留白，在突出重点、把握难点的前提下进行适当的取舍和合理的分配，精简趣味性教学内容，抓大放小，讲究方式方法，保证趣味性教学的有序进行。

第四节 高职英语教学的实施条件

英语教学的实施是完成一系列科学的教学计划的过程，在实施过程中需要具备一定的基本条件。具体来说，英语教师、学习者和教学环境作为教学实施的基础，对于整体教学计划的实施、教学目标的达成影响深远。本节主要从这三个方面对英语教学实施的基本条件展开分析。

一、英语教师

英语教师是英语教学的设计者、引导者、组织者，对于学生英语学习效果、语言应用能力的提升会产生直接的影响。下面就对英语教师的任务和教学能力展开分析。

（一）英语教师的任务

作为课堂教学的引导者，教师必须明确自己的主要任务，知道自己应该做什么，明白怎样做才能更好地调动学生的学习积极性，提高教学效果。下面就对英语教师的任务进行讨论。

1. *成为活动的组织者*

一节好的英语课，必然是由多种课堂活动构成的。英语教师要做好一名活动的组织者就要做到以下几点：第一，在备课环节要精心设计教学活动，使教学活动既生动有趣又能够帮助学生吸收知识；第二，在课堂活动开展的过程中，英语教师要调整好节奏，控制好活动开展的时间；第三，在组织活动的过程中，要有教学机制，能够恰到好处地处理好突发情况。

2. *成为知识的传授者*

"师者，传道，授业，解惑也。"传授知识是一名英语教师最基本的工作，在课堂上，英语教师要向学生传授语音、语法、词汇等知识，除此之外，还有学习策略、文化意识等。知识的传授者是传统的英语课堂中教师要扮演的最基本的角色。

3.成为活动的参与者

在课堂上，英语教师除了组织活动外，还要参与到活动中。例如，在小组讨论中，教师可以把自己当成一位小组成员，和学生进行互动，这不仅有助于教师了解学生的实际情况，还能使学生有机会提高自己的口语水平。在同桌互动的活动中，教师也可以成为课堂上个别同学的口语搭档，帮助这些同学克服困难，勇敢地表达自己的想法。

4.成为学生的评价者

在组织课堂教学的过程中，教师要及时地给予评价。例如，在学生发言或小组展示后，教师都要对学生的表现给予一定的评价。因此，在传统的英语课堂中，教师还是学生的评价者。除此之外，英语教师还扮演着其他的角色，如研究者、指导者等。

（二）英语教师的教学能力

教学能力是指教师在能够充分理解学科核心素养的基础上，坚持以学生为本，充分利用教学资源和采取多样化的教学方法，将创新意识、语言表达能力、英语文化素养融入教学实践中，并促进学生发展的综合化能力。

通过对有关教师教学能力的研究进行文献综述和相关资料的整理与收集，结合高职英语培养目标和英语学科特点，初步得出了高职英语教师教学能力的基本框架，主要分为7个维度，分别是英语语言知识与技能、教学认知、教学实施、教学评价、教学研究、教学特质、教师师德。每一个维度下根据能力要求的不同范畴划分为不同的子类，如表1-1所示。

表1-1 高职英语教师教学能力结构表

维度划分	能力内容
英语知识与技能	英语语言类基本知识 英语听、说、读、写、译等技能 英语语言学知识 英语学科背景知识 英语学科教学知识 英语语言技能与技巧

续表

维度划分	能力内容
教学认知	对英语课程及课程标准的认知（课程论） 对教师职业内涵及教师专业发展的认知（教师论） 对教师与学生的关系的认知（师生观） 对英语教学及教与学关系的认知（教学论） 对英语课程与教学改革的认知 对英语教学材料及教科书的认知 对终身教育理念的认知 对教学目标及教学任务的认知 对英语教学研究的认知 对教学对象成长与发展规律的认知 对普通教育学及普通心理学基本理论的认知
教学实施	课堂掌控与管理能力 交际性课堂教学活动的组织与实施能力 合理解决课堂突发情况的能力 课堂教学提问、辅导、纠错及答疑能力 与学生互动的教学能力 调动学生课堂参与的能力 课堂教学知识的概括与归纳能力 表情、动作等肢体性语言表达能力 与学生的沟通交流能力 英语语言表达及课堂讲授能力 指导学生自主、探究性学习的能力 灵活调整教案与实际教学场景的能力 合理安排课堂训练以强化巩固知识的操作能力 对教学问题的解决能力 巧妙运用教育机制的能力 灵活使用多媒体教学设备的能力 课堂教学板书能力 维护课堂秩序的能力
教学评价	对学生作业与学习成果的评价能力 多种教学评价方式相结合的能力 对试卷、试题与考试结果的评价能力 使用科学评价指标、评价工具的能力 对学生智力类型、个性特点、学习风格的评价能力 对自己课堂教学的评价能力 基于全面发展评价学生成绩的能力 对所选教学材料的评价能力 对同行授课过程的点评能力

续表

维度划分	能力内容
教学研究	钻研教学问题的能力 从事研究所需的归纳、写作与统整能力 教学研究问题意识及发现研究热点的能力 教师自主学习能力 使用教学研究平台、数据库等资源的开发能力 利用教育教学研究成果改善教学实践的能力 收集文献资料及研究信息的检索能力 资料分析、文献阅读的理解能力 教学研究整体规划能力 开展教学研究的设计能力 教育研究方法的使用能力
教学特质	及时更新英语教学的现代化理念 教学过程中的创新能力 对教学秉持的积极态度 教学灵感的利用能力 将学术与兴趣相结合的能力 易于形成具备个人教学风格的能力 利用个人特色以提高教学效果的能力
教师师德	严格执行国家、教育部的相关规定 平等对待学生，坚持教育公平原则 全面坚持以学生为中心，培养全面发展的人 与学生共同进步、相互学习

二、英语学习者

英语学习者是教学的中心与主体，在教学实施之前需要了解英语学习者的特点与学习影响因素。下面将主要对英语学习者的主观因素进行分析，包括智力水平、学习动机等。

（一）学习者的智力水平

智力是指人认识方面的能力，智力是高度的观察力、逻辑思维能力、记忆力和想象力的总和，同时，它还是进行抽象思维、解决问题和学习的能力。

智力水平则是指学习者的智力所能达到的程度。研究表明，智力水平对英语学习策略的形成和使用有着一定的影响。

（二）学习者的学习动机

学习动机是指个体内部引发与维持其自身某种需要的状态，这一状态是其具体学习行为的直接原因和内发动力。仅就学生英语学习而言，学习动机具体是指激发与维持学生学习英语知识，并使之有一定具体目标和具体能力的动力倾向。学习动机可分为内部学习动机和外部学习动机两个维度。顾名思义，内部学习动机指对事物本身内在感兴趣，为原因导向；外部学习动机指对学习结果感兴趣，为结果导向。学习动机或学习兴趣与学习效果之间存在明显的正相关关系，在英语学习中高动机者比低动机者更容易实现自主学习，取得更好的学习成效。

三、英语教学环境

英语教学环境是英语教学实施的重要保障条件之一，下面对英语教学环境的含义、要素进行总结。

（一）教学环境的含义

教学环境是一种特殊的环境，是学校教学活动所必需的主观条件和客观条件的综合，是以人的身心发展的特殊需要为基础组织起来的育人环境。英语教学环境是指学生进行英语学习所依赖的实际条件，即能够支持教学运作、稳定教学结构、促进个体发展的教育环境和教育条件。环境因素是影响和制约英语教学效果的重要外部因素。

（二）教学环境的要素

教学环境主要由三个要素构成，即社会环境、学校环境和个人环境。

1. 社会环境

社会环境是制约和影响英语教学过程和教学效果的首要因素。社会环境主要指的是国家的教育方针、外语政策、社会制度、科学技术水平、经济发展状况、人文精神、社会对英语的需求程度以及社会群体对英语学习的态度等。社会环境因素具有重要的导向作用，是英语教学向前发展的不竭动力。

2. 学校环境

学校为学生提供了学习场所和学习手段，是最佳的教学环境，对英语教学有着重要而直接的影响，对大多数学生英语学习的成败起着决定性的作用。学校环境包括课堂教学、教学设施、教学资料、班级大小、英语课外活动、学生接触英语的频率、师生关系、校风师风、英语教师的英语水平以及英语教师与其他教师对英语的态度等。

3. 个人环境

学生自身所处的个人环境对英语学习也会产生一定的影响，主要包括学生的经济状况、物质生活条件、文化水平、拥有的英语学习工具和设备、家庭成员的社会地位、对英语学习的态度、学习方式等。

第五节　高职英语教学改革的必要性

英语教学改革尤其必要，不仅是时代发展的要求，同时也是提高英语教学质量、进行人才培养的要求。下面从教学的不同角度对其改革的必要性进行分析。

一、教学目标改革的必要性

对于高职院校而言，英语教学的目标就是要让更多学生具备一定的英语水平与技能，将来能更好地胜任各个岗位的工作。对于学校教学质量的评价，用人单位最具有发言权。笔者通过调查了解到，相当一部分企业对高职毕业生的英语水平表示不满，给出了否定性的评价。从中可以看出，大多数高职院校英语教学质量与理想状态之间尚存在明显差异。也有些企业表示，有些学生即使拥有过级证书，但他们的能力与素质远远不能满足岗位需求。在关于"日后的英语教学应该注意哪些方面"的问卷调查中，大部分企业选择了所有选项，即教师要到企业挂职锻炼，要向学生传授专业知识，加强学生的口语表达与沟通能力的训练，围绕兴趣培养、岗位需求等实施英语教学，注重语言表达与交际能力培养。

从部分用人单位反馈的情况来看，当前高职院校需要立即着手对英语教学实施改革，大胆实践，积极做出一系列调整，只有这样才能培养出企业发展所需要的技能人才，才能赢得社会的认同。

二、教学内容改革的必要性

部分高职院校的课程设置单一，而学生的英语学习内容与将来就业会涉及的情境毫无关联。这种单一的教学课程设置，在教学管理上比较方便，但是不利于为就业服务。

在高职英语课堂教学中，教师须根据个人的教学实际创造性地使用教材，精选教学内容并巧妙安排教学内容的顺序，可以删减、替换或补充教材内容。例如，从学生的就业角度出发，针对一些学生将来工作时常出现的内容进行情境对话练习，补充一些相关的专业词汇；或者根据不同专业，设计不同的教学内容，开展项目化情境教学。

三、教学方法改革的必要性

教学方法一直是教学研究的重点，也是我国英语教学改革的关键环节。经问卷与访谈了解到，目前大部分高职英语教师教学的方式比较单一。此外，在调查中可以发现有些教师明显地对现代化信息教学技术不太了解，如多媒体教学，还有一些教师的电子课件非常原始、简陋，布局、配色设计不合理，甚至少数教师有些抵触多媒体教学。

传统的教学方式不利于调动学生的学习兴趣，也无法满足"互联网+"时代的"00后"的学习需求。如果教师能充分利用现代的教育技术进行信息化教学，利用PPT、音频、视频、微课等信息技术来教学，利用慕课、学习平台等帮助学生自主学习，同时创设真实的工作情境，可以在一定程度上提高学生的积极性，从而提高英语教学质量。

在高职英语教学中，应努力体现以学生为中心的理念，培养学生的实际应用能力。教师应该根据学生的具体情况，以及教师自身的特长和优点，灵活运用不同的教学方法，做到因材施教。

四、教学评价改革的必要性

教学评价的目的就是要对教学效果加以检验。对评价结果进行总结，能够为下一步调整教学策略与模式等提供一定的参考。经调查发现，一部分学生对学校当前所采用的评价体系产生了不满。有些学生认为，当前的考核方式不能反映出自己的能力与水平；有些学生认为，应该对学习过程进行评价，不能只是用一张试卷来衡量自己一个学期的学习情况。笔者在与教师进行访谈时，发现许多教师对这样的评价方法也不满意。一部分教师表示，终结性考核过于单调、片面，达不到提升学习热情的目的。同时，这些教师认为要适时对考评制度进行调整，力求对每个学生的具体表现给出全面、客观的评价，尤其要关注学习过程，使学生知道自己与他人的差距在哪里，知道应该以怎样的方式查漏补缺。也有教师表示，要构建多元评价体系。

第二章　高职英语教学的理论基础

在高职英语教学中，教育者应掌握足够的教学理论基础知识，不断提升自身的教学素质与水平，与时俱进，实现高职院校中英语教育的培养目标。本章分为建构主义理论、人本主义理论、认知主义理论、能力本位理论、学习金字塔理论、脚手架理论、最近发展区理论七部分。

第一节　建构主义理论

建构主义理论是强调学生主体作用的教育理论。在高职英语教学中，教师应从实际出发，根据建构主义理论，结合具体教学内容，创设相对真实的教学情境，使英语教学形式丰富多样，教学质量得以提高。

一、建构主义理论的内涵

建构主义理论也被称为结构主义理论，最早由瑞士心理学家让·皮亚杰提出。皮亚杰认为，儿童在成长过程中会和周围环境进行相互作用，在此过程中儿童逐渐建立起关于外部世界的知识，从而促使自身认识结构得到发展。儿童和周围环境的相互作用主要涉及两个基本过程，即同化过程和顺应过程。让·皮亚杰认为，任何个体的认识过程都是通过同化以及顺应这两个过程来最终达到与周围环境的平衡。当个体使用已有的图式同化自身所得到的新信息的时候，个体就会处于一种平衡的认知状态。当已有图式不能够帮助个体去同化新信息的时候，平衡就会被打破，此时个体就会休整或者创造出新的图式，这一过程就是顺应的过程，在这一过程中个体会去寻找新的平衡。针对教学，建构主义理论认为，教学过程必须以学生为中心，以学生的主动学习来代替以往的教师强制学习，从而改变知识的传输模式。知识不仅仅是从教师的传授中得到，更多的是学生借助自身对知识的建构来获得。建构主义理论还指出，在外语学习中，学生一方面需要学会利用语言图式中的学习资料来建构话语；另一方面，要从话语中学习到一些新材料，并且需要以这些新材料为基础，充实自身的语言知识，建构起自己能够掌握的语言体系。

二、建构主义理论的核心要素与理论流派

让·皮亚杰是建构主义认识论的创始人，他主张"认识起因于主客体之间的相互作用，认识发生过程中，主体与客体相联结的中介不是知觉，而是活动"，并对知识的建构机制过程进行了详细的论述，尤其以认知结构所具有的同化与顺应特征和他后期研究所提出的内化与外化的双向建构为代表，为建构主义思想的建立奠定了基础。

苏联心理学家维果茨基以社会文化对人的认知结构的影响为逻辑起点，认为知识意义的建构是在人与社会环境相互作用的联系中所形成的，这种建构主义观点被称为社会建构主义，其中最为经典的理论为"最近发展区理论"。

至此，建构主义在两人研究的基础上形成了系统的思想，概括来说，建构主义的核心要素为：世界是客观的，但是每个人对待世界的意义建构是不同的，强调个体学习知识的主动性，并在真实的情境中进行知识的建构，充分发挥协商、对话、分享、互动对意义建构的作用；教师应成为教学过程的组织者、指导者，以及学生意义建构的辅助者、促进者。

随着建构主义理论发展的不断完善，已形成两大理论流派，即以让·皮亚杰为代表的"个体建构主义流派"和以维果茨基为代表的"社会建构主义流派"。相比而言，个体建构主义是比较激进的，主要探讨的是个体在建构过程中的心理机制过程，虽然让·皮亚杰也强调知识建构是需要主体与客体相互作用的，不是个体脱离客体独立完成的，需要"活动"中介进行联结，但是他对这种双向相互建构如何具体操作没有过多提及，容易让人误解为不需要互动，容易在指导教学中带来认识误区。

三、建构主义理论对高职英语教学的启示

（一）建构主义理论对高职英语口语教学的启示

在高职院校英语口语教学中需要以建构主义理论为指导，采用更为有效的教学策略。

1. 利用"同化"和"顺应"两个基本过程

建构主义学习理论中"同化"和"顺应"两个基本过程在英语口语教学过程中会得以体现。英语的学习过程包括了两国之间文化的相似性和差异性的学习。例如，当中国文化与英语国家文化存在相似性时，英语口语的句式就很容易同化到学生现有的语言认知结构中；而当有些英语口语表述方式与中文表述存在差异性时，学生就较难以记忆，此类口语表述就需要学生打破已有的口语认知结构进行重组，以接纳新学习到的口语句式并得以运用。

2. 创造英语口语学习环境

首先，教师要采取多种措施为学生营造良好的英语口语学习氛围。鉴于目前高职院校英语课上教学任务繁重，因此，学校应采取措施为学生在课下营造良好的英语口语学习氛围，例如，组织英语演讲、英语辩论赛、设立"英语角"、搭建与留学生沟通的平台等。

其次，高职院校应运用现代教学技术对英语口语课堂教学进行优化。运用现代教育技术，如多媒体、网络平台、电子阅览室等，能够为课堂教学提供多种选择，提高教学质量。在构建课上课下一体化教育平台的同时，还需发挥教师和学生的主观能动性，从而达到优化课程设计的目的。

3. 在教学中充分体现学习环境的四要素

情境、协作、讨论、意义建构这四要素与英语口语教学非常切合。教师在口语教学设计中要充分利用好这四要素。在建构主义的英语口语教学设计中，要设计有利于学生开展口语练习的创设性问题，将情境作为教学设计的重要部分；角色扮演、组内互助、任务教学法等有利于在口语教学中开展学生协作和讨论，此过程中，教师和同学均可以协助完成学习资料的搜集和学习成果的评价。

4. 优化英语口语教学体系

英语口语教学是一个有机整体，由不同体系组成，因此，在英语口语教学中需要优化各部分内容。

首先，优化英语口语教学的知识体系。一是优化学生英语口语教学课程体系，从课程实际出发，促使课程体系能够符合学生的成长特点；二是加强英语口语教学师资队伍建设，打造高素质、高水平的师资队伍，促使学生能够更好地接受英语口语教学。

其次，完善英语口语教学保障体系。加强高职院校对英语口语教学的重视程度，促使院校为英语口语教学提供支撑和保障，从而促使英语口语教学发挥出其应有的作用，提升学生的英语口语能力。

（二）建构主义理论对高职英语写作教学的启示

1. 做好准备工作

在组织学生进行英语写作练习的时候，要做好充分的准备工作。首先就是审题和议题，教师可以通过为学生创设相应的教学情境，将写作的主题融入情境中，以此来激发学生的写作兴趣，充分调动学生的写作积极性和主动性，同时还可以活跃课堂氛围，为学生构建一个轻松愉悦的写作环境，为学生的实际写作奠定基础。在此过程中，教师可以通过教学情境，引导学生体会英语写作所带来的无限乐趣，从而能够对现代高职英语的写作教学进行归纳和总结，然后再围绕写作主题，筛选写作材料，对其中的有效信息进行提取和整理。

2. 进行初稿创作

写作是一个实实在在的创作过程，教师在组织学生进行初稿创作的时候，要注重加强学生对英语写作教学重要性的认识，然后依据写作要求中的主题、要点、提纲等内容，对文章的引言、正文、结语等部分进行初步创作。在写作过程中，还要根据写作主题，以及自己的实际需求，进行适当的检查、修改，保证文章拥有清晰的条理、合理的布局，以及较强的逻辑性，最终创作出一篇完整的英语作文。

3. 同学进行互改

高职英语教师在开展写作教学的时候，可以要求学生对自己的文章进行自主修改后，再以小组的形式，进行互相传阅和点评，在此过程中，吸取他人在英语写作方面的经验和教训，对自己的英语写作水平和能力进行提升和发展，进一步实现多样化教学的有效实施。

第二节　人本主义理论

一、人本主义理论概述

（一）人本主义理论的内涵

在探究人本主义理论前，应当把这个概念进行拆分：一是"人本主义"。

什么是"人本主义"呢？顾名思义，就是以人为本。人本主义最早源于古希腊哲人的"人文主义"，"人是万物的尺度"是人文主义之父普罗塔格拉的代表性言论，古希腊三哲之首——苏格拉底则进一步发展且提出"有思想力的人是万物的尺度"，罗马时期西塞罗提出自然法精神——"人生而平等"。这些都体现出古希腊哲人对世界认识的渐趋深入，思考人与自然的关系，推动人摆脱神与自然的束缚，确立起以人为中心的世界，重视人、忽视神。"人文主义"在文艺复兴、宗教改革、启蒙运动期间被赋予了不同的时代内涵，推动人的解放程度不断扩大，从认识人与世界的感性认识角度到理性认识角度、再到对于理性认识本身的反思，不变的是其"以人为中心"的主旨。

20世纪60年代，现代"人本主义"思想的鼻祖"人本主义心理学"异军突起，人本主义心理学的初始状态是从批判行为主义心理学和精神分析心理学开始的，被称为心理学的"第三思潮"，以马斯洛、罗杰斯为代表人物。行为主义心理学主张研究现实的、可观可触的行为，对意识形态层面的现象则予以忽视，将人性过分简化；以弗洛伊德为代表的精神分析心理学则把病态的人作为研究对象，不具备研究的普遍性，过于关注特殊性。马斯洛将前两者的思想进行批判性继承，"将两派中心理学部分有用的、有意义的以及可运用于人类的部分进行正确评价"，并以此为基础开展关于人的新的哲学研究。马斯洛针对"健康的人"提出"需求层次论"，由低到高依次为：生理需求、安全需求、归属与爱的需求、尊重需求、认识需求、审美需求、自我实现的需求。人本主义心理学关心个体的情意要素及其发展，关心每一个人天赋潜能的发展，其终极目标是以人的价值和尊严为出发点，促使个人价值在参与社会活动和自我实现中得到提升、个人在社会中得到尊重及认可。伴随人本主义心理学的发展，逐渐开始了将其与教学实践相结合的历程，并形成了人本主义理论。

20世纪50、60年代，人本主义教育开始兴起，并迅速成为一股强烈的教育"旋风"，就教学观念、教学思想、教学目的、教学内容、教学方式等方面产生了十分深远的影响。在人本主义心理学的指导下，人本主义理论认为：①人具备成长和发展的本能；②人具备主观能动性，能够自主选择并进行创造性选择；③人自身的情感十分重要；④教育可以通过一定的方法激发学生的本能和潜力，从而达到获得关键知识和培养必备能力的目的。

"以人性为本位"是人本主义理论给予自身的基本定位，这是与传统教育思想大为不同的。其制定了根据人性、借助后天的努力充分实现个人潜能，从而达到培养"完整的人"的目标。传统教育理论对情感淡漠的状况曾受到罗杰斯的强烈批判，他认为"今天的个体可能比以往的人更多地意识到内心的孤独"。人本主义理论更加注重个人身心、情感、认识等多方面的发展，关注人与自己内心的互动，从而获得更丰富多元的情感体验和认知体验。人本主义理论对教学活动的参与者——教师、学生的角色进行重新定位，学生不再是单纯的听众而是教学活动的主体，教师也不再是教学活动的绝对权威而是教学活动的促进者、主导者。在教学活动中，学生除了知识外获得了更多的情感体验，外在体验和内在情感融为一体，使学生成为完整的个体；同时，关注学生潜力的开发也成为制定教学目标、组织教学过程、选择教学方法、确定教学内容、规定教学形式等方面的重要参考。

（二）人本主义理论的特点

人本主义理论的产生对教育理念以及教育实践等方面都产生了积极影响。首先，从教育理念上看，人本主义理论致力于积极构建个体的内心世界，关注个体自我认知的发现和发展，促进培育"完整的人"。其次，从教育理论上看，人本主义理论凭借"以人性为核心""以人性为本位"对教育有着全新的理解，冲击了传统教育理论，在教育理论领域占据突出位置。最后，从教育实践上看，在其指导下，众多国家相继开始并不同程度地开展以人本主义为价值导向、以课程改革为中心的教育教学实践探索。人本主义理论不仅在欧美国家产生深刻影响，亚洲国家也先后不同程度地开始实践，如日韩等提出"尊重人性教育"、中国在20世纪初提出的"三维目标"以及新时期提出的"学科核心素养"。

人本主义心理学在行为主义心理学和精神分析心理学的基础上博采众长，在心理学的基础上形成的人本主义理论有其固有缺陷，故产生了一些消极影响。首先，从其哲学基础上看，现象学是人本主义理论的哲学源头，在研究方法上和研究过程中，难免带有非常强烈的主观性和含糊性。其次，从认识倾向上看，人本主义理论把"个体实现"作为教育的出发点和归宿，错误地认为个人主义的价值观凌驾于集体价值甚至是社会价值之上。最后，从人与社会的关系上看，人本主义理论认为社会制度和文化不利于人性的发挥，不能正确认识系统的学校教育对个体发展起到的积极作用。

（三）人本主义理论的主要观点

1. 马斯洛学习理论

马斯洛是美国心理学家、人本主义心理学的主要创立者。他提出了人的需求金字塔式梯级等级表，其需求层次理论是人本主义科学的理论之一。马斯洛于1943年在《人类激励理论》中提出：人类价值体系存在两类不同的需求，一类是沿生物谱系上升方向逐渐变弱的本能或冲动，称为低级需求，即生理需求、安全需求和社交需求；另一类是随生物进化而逐渐显现的潜能或需求，称为高级需求，即尊重需求和自我实现需求。自我实现的需求是最高层次的需求，是指为了实现个人理想、抱负，把个人的能力发挥到最大程度，达到自我实现的境界，接受自己，同时也接受他人，解决问题的能力增强，自觉性不断提高，善于独立处事，要求不受打扰地独处，完成与自己的能力相称的一切事情的需求。马斯洛提出，不同的人为满足自我实现的需求所采取的途径是不一样的。自我实现的需求是人们为了努力实现自己的潜力，使自己成为自己所期望中的人物。马斯洛的需求层次理论在一定程度上反映了人类行为和心理活动的共同规律，他从人类的需求出发，探索和研究人类的行为，抓住了问题的关键，他同时也指出了人类的需求是从低级向高级连续不断发展的，这一趋势基本上符合了人类需求发展的规律。

2. 罗杰斯学习理论

罗杰斯为20世纪人本主义心理学的重要代表人物，是美国应用心理学的创始人之一。他提出了有意义学习理论，并将教育学与心理学相结合，形成了独特的教育观和学习理论。罗杰斯有意义学习理论对人本主义的重视，使其在教学中的实践意义巨大。有意义学习理论主要包括以下几点。

（1）学习是"完整的人"的学习

在罗杰斯的有意义学习理论中，教学目标被定义为培养完整的人，以学习人员的多样性价值为主要关注点。其将存在主义作为学习的基础内容，以生活意义为中心，要求凸显自我价值，注重个体体验。有意义学习的内涵指在面对未来选择、仿真拟定、个人态度及个性特征等情况下所产生的学习变化，与知识积累和事实息息相关，属于个人在不同范围和区域内的学习与经验累积，重视个体的意义和价值。同时，在学习中对个人情感的培养方面，以宏大的人类史观教育为目标。基于此，有意义学习理论涵盖未来建设、个人态度、个人情感及个体经验等内容，让个体的认知水平更加丰富，且其在不断发展的背景下，形成了"完整人格论"。

（2）学习是基于学习者的学习

在开展教育工作过程中，教学工作不以教师为中心，教师一改往日评价、组织和批示等工作方式，融入班集体，成为班级成员，与学生开展真诚、率直的沟通。教学需要基于学习者开展，将学生作为主体，培养学生的学习积极性和自主性，激发学生自主学习能动性。

（3）学习需要营造良好的环境

罗杰斯有意义学习理论表明，教师需要发挥学习合作者、学生咨询者、教学促进者的能力，为学生营造良好的内部环境，使学生可以自由化、自我化、自主化地学习。教师在教学中，不可刻意隐藏自身缺陷，不可装腔作势，必须态度真诚、和蔼可亲，尊重学生、认可学生、接受意见，积极改正、换位思考，深入挖掘学生的性格优势，构建良好的师生关系，彰显学生价值。

（4）学习需要情感基础做支撑

罗杰斯有意义学习理论注重人的情感活动。学生是完整的人，在教学过程中，必须结合学生的认知与个人情感；在创造活动中，必须高度统一其情感与认知。罗杰斯表明，传统教育以认知能力培养为主，校园禁锢了学生的天性，只有校外才可以使学生放飞自我。若是教学一直压制学生的情感，则无法发挥学生自我创造的价值，限制学生认知能力的拓展。此外，经验对学生发展极为关键，必须持开放性态度面对经验累积，减少僵化刻板，减少信仰理解和理念禁锢，以辅助学生形成"拓展倾向性"。

二、人本主义理论指导下的教学模式

（一）暗示教学法

1. 暗示教学法的产生背景

暗示教学法是由保加利亚心理学家格奥尔基·洛扎诺夫首次提出的，因此也被称为"洛扎诺夫教学法"。其教学理念是通过暗示的手段给学生建立起一个无意识的心理倾向，使学生的心理潜力得到激发，能够给学生创造学习动机，调动学生的学习欲望，还能提高学生各项能力，如创造力、想象力等。暗示教学法自20世纪60年代中期首创，之后便在苏联以及东欧各国广泛流传，20世纪70年代初在美国、日本、加拿大等国普及。

奥尔基·洛扎诺夫生于保加利亚，职业是心理医生。暗示教学法的灵感源于一次对印度的访问。他发现印度瑜伽教徒能够通过联想记住10万个词语，这让他对激发人类潜质的研究产生了兴趣。而后他用暗示治疗法让一位记忆衰退的人恢复健康，这也让他将精力转向了对暗示方法的研究。洛扎诺夫认为，传统教学低估了人们的潜力、忽略了无意识心理活动与情感的作用，一味地灌输知识则会将学习变成一种负担。因此，洛扎诺夫于20世纪60年代初开始研究暗示教学法，并获得成功，该教学法得到了广泛普及，洛扎诺夫的贡献也得到了认可，并以"洛扎诺夫"对暗示教学法进行命名。

2. 暗示教学法的基本观点

暗示教学法认为，人类在进行学习活动时，除了大脑皮层参与活动外，还有感情的潜意识的参与。人人都有学习潜力，然而，在实际学习过程中却体现出来不同的学习效果，是因为有意识与无意识的协调状态不同，它们只有处于一个和谐的状态时，学习活动效率才会达到顶峰。因此，在暗示教学法中要有机结合各种暗示手段，让学生有内在学习动机，包括激发学生的学习兴趣、提高学生自信心等。此外，在进行教学活动设计时，不仅要考虑学生的认知过程特点，还要考虑学生的心理特征，通过对无意识心理活动的巧妙利用，让学生能够更加愉快轻松地学习。

3. 暗示教学法的教学目的

暗示教学法的教学目的就是通过将各种无意识进行组合，创造动机以及建立心理倾向来激发人的个人潜力；让学生在学习过程中，除了能够学得更多、更快，还能得到充分的自我发展；让学生的各项能力都得到提升，潜力得到充分发挥。

4. 暗示教学法的教育途径

（1）心理途径

外围知觉是获得长期记忆的基础，而外围知觉又属于无意识知觉；此外有意识活动与无意识活动相结合能够无限增加知觉与思维的深度与广度。因此，在教学过程中，高职英语教师要善于通过暗示激发学生的无意识活动，让学生的潜在能力能够发挥出来；善于营造环境，让学生在一个轻松愉快的环境中去探索知识，获取成功，增强自信。这也要求教师具备一定的心理学知识，并以此为基础适当地改变原有的教学工具、教学方法以及教学模式。

（2）教育途径

暗示教学法强调的教学途径是扩大教材的容量，通过对教材的重新编码，将相关知识都编排到一起，并将其进行编码概括。这与传统教学形成了鲜明的对比。将教学单元扩大，能够让学生对教学内容有一个全面的了解，而对信息进行编码概括则突破了传统教学的局限性，不再一点一滴地介绍知识，也有效克服了短期记忆的问题。由此可以看出暗示教学法的特点就是以单元教学为主，在本学科的基础上适当加入其他学科的相关内容，将教学单元重新组织，让教学更具有逻辑性与情感效果，让学生能够更好地消化所学知识。高职英语教师在重组加工教材时，要科学协调教材内容，注重趣味性以及考虑如何提高学生的学习动机。暗示教学法能够充分利用母语的可迁移性，使学生可以通过想象力将教师设置的教学场景在大脑中形成情节表象，还可以变文字为图像，促进学生的智力发展。

（3）艺术途径

艺术不仅能够直接激发人类情感，也是让信息渗入大脑的最直接迅速的方式，因此在教学中采用艺术手段能够加强心理暗示，让课堂教学更加有感染力，增强学生的学习期待与动机。洛扎诺夫认为，节奏与语调对学生的潜意识有极强的刺激作用，而音乐、表演等艺术则能够让课堂氛围更加轻松、欢快，更容易建立无意识倾向，因此，高职英语教师在课堂上如果适当采用艺术手段，就能够增强暗示，更好地发挥暗示教学法的作用。

5. 暗示教学法对外语教学的影响

（1）暗示教学法对外语教学效果的影响

暗示教学法通过无意识的暗示方式，挖掘人脑的潜力，达到事半功倍的教学效果。保加利亚暗示教学法研究小组经研究发现，使用音乐伴奏教学，学生的记忆率至少能提高 2.17 倍。美国学者唐纳德·舒斯特认为，音乐激发了人脑潜意识的能量。在洛扎诺夫的相关实验中，暗示教学法相比传统教学法成效显著。

（2）暗示教学法对外语教师的影响

暗示教学法要求教师在实践中严以律己，不断提高自身的专业化水平，使本体性知识（如学科知识）、条件性知识（如教育心理学知识）和实践性知识（如课堂情境控制）均衡发展。与传统教学法相比，暗示教学法要求教师兼顾教材内容和学生所处年龄段的心理特点，精心设计并创设出相应的情境。因此，暗示教学法在高职英语教学中应用，也是英语教师自身专业发展的需要。

（二）沉默法

沉默法产生于 20 世纪 60 年代的美国，最早是由美国教育家格特诺提出的。沉默法的特色之处在于它借助独特的教学用具辅助教学，如奎泽内厄五彩棒、声色表和字母表。奎泽内厄棒是由一套完整的长度不同、颜色不同的木棒组成的，在高职英语教学中，教师可以利用不同的木棒来代表各种事物进行教学；声色表则是利用颜色不同的方块表示不同的元音和辅音，高职英语教师可以利用不同的颜色方块组合让学生进行元音和辅音的操练。

沉默法要求在每堂课的教学中，教师应该尽量少说话、少对学生的学习进行指导和干扰，而课堂中的学生应该尽量多活动、尽量多地表达和操练。在教学过程中，随着学生语言水平的逐渐提高，授课的教师在课堂上讲话越来越少。与此相反，学生参与和主导的活动则越来越多。沉默法通过教师尽量少说话、学生多活动多操练的方式，使学生能够更快更有效地提高语言能力。沉默法倡导学生多思考、多动脑，鼓励学生通过自己参与课堂中的教学活动来发现所学语言的规律，从而建立自己内在的语言体系。

三、人本主义理论对高职英语教学的启示

（一）建立以学生为中心的教学模式

人本主义理论是以学生为中心的教育理念，在教学模式设计上要注重学生的潜能，充分发挥学生的主观能动性。

第一，要对学生的英语能力有全面的认识，在课程设计上要根据学生的知识层次来制定合适的教学计划。

第二，注重学生的情感，营造一个良好的学习环境，激发他们的学习热情。

（二）激发学生的学习兴趣，提高学生的自主学习能力

人本主义理论重视情绪对于学习的影响，而对于学习来说，最能够影响其自主性的情绪就是兴趣。因此，在教学过程中，需要注重对学生兴趣的激发。

人本主义理论强调情感对学习的影响，而在学习中，最能影响学生自主性的情感就是兴趣。因此，在高职英语课堂教学中应注意培养学生的兴趣。

第一，要帮助学生确立一个符合其目前知识水平的合理的学习目标。例如，督促学生每天学习多少个新单词、掌握多少语法类型等，并在完成这些目标的基础上对学生进行奖励。这种方法能有效地增强学生的成就感，从而使他们的学习兴趣得到提升。

第二，要注意调整教学内容，在高职英语教学中适当添加一些趣味性的元素，使学生的学习活动更加富有趣味，激发他们的学习热情。

第三，重视对学生进行情感关怀，教师往往因为要面对太多的学生，所以不

能很好地照顾好每一位学生的情绪，从而使得一些学生感觉被教师忽视，从而降低学习兴趣。

（三）促进英语教师自身理念的更新

许多教师在传统的教学中，也取得了较好的成绩，因此他们相信，如果采用传统的方法，就一定能取得良好的教学效果。但是，他们却忽略了教育与社会发展是同步的，社会的发展变化也会逐渐改变教育的要求，而变化的教育要求又会导致教育的目标和内容发生变化。面对当前高职英语教学中的不足，教师必须更新自身的教学观念，以促使其转变教学方式，从而使人本主义融入高职英语教学中，进而推动高职英语教育的发展。

英语是当今世界经济一体化的一门重要课程，具有很高的使用价值，因此，教师应加强对其研究。但是，目前我国高职教育中存在着英语水平低下的问题，这种状况已经成为制约学校发展和学生未来自我价值实现的重要因素之一。人本主义理论将人性与个体的潜能作为中心，在教育的过程中，将学习与个体的适应性、自由性结合起来，从而设计出一些更加人性化、符合当前高职院校教育实情的教学方案。将人本主义理论渗透到高职英语教学中，不仅可以提高学生的英语学习质量，更有助于学生积极情感的培养。教育不仅需要传递知识，还需要传递一种态度，一种如何在社会背景下实现自我的态度。

第三节　认知主义理论

一、认知主义理论观点概述

（一）格式塔理论

格式塔心理学也被称作完形心理学，于二十世纪发源于欧洲，"格式塔"一词源于德文的"Gestalt"，可以翻译为"形状"或"形式"，又可以理解为"动态的整体"，它并非指简单的组成部分相加，而是具有各个部分所没有的特性。格式塔心理学家认为，人类对于任何视觉图像的认知，是一种经过知觉系统组织后的形态与轮廓，而并非所有各自独立部分的集合。广义地说，格式塔心理学家是用格式塔来研究心理学的整个领域，它的发展历程虽然很短，但对于人类视觉场的形成与视觉上整体性问题，有十分独特且深入的研究，对于人类的视觉认知有很大的贡献。格式塔心理学以"形"为研究的基点,"形"所代表的整体,体现在知觉活动组织成的经验中,以科学的方法分析感官刺激对人类视觉认知的影响。

总的来说,格式塔心理学的基本观点可以总结为两方面:一是部分之和不等于整体,因此整体不能分割,整体是由各部分所决定的,反之,各部分也由整体所决定;二是强调知觉经验虽然是来自外在的刺激,各个刺激可能是分散的,但是个人所得到的知觉却是有组织的整体。因此,部分之和不等于整体,整体大于部分之和。举例来说,当我们观察一个人的时候,不是只看他的手、脚、眼睛……不是把人看作器官的个体总和,而是直接观察"人"这个整体,人们在观察和认知某一事物时,往往能够直接把握事物的整体性,不必对组成事物的各个部分进行单独分析再组合成整体的判断。知觉的整体性被看作超越各部分刺激所加之和产生的一种整体知觉经验,是一个高于部分的、具有高度组织化的"完形"。另外,人们一旦对某一事物形成整体的知觉经验,构成它的各个部分即使发生一定的改变,只要整体的关系不变,认知就不会随之改变。例如,在文字图形化的设计过程中,即使对文字部分组成部件的形状大小或颜色进行改变,只要确保其整体关系不变,就不会影响观者对文字原结构的认知。

(二)认知—目的论

托尔曼是美国的心理学家,同时也是认知心理学的先驱人物,他对心理学各流派的观点采取了兼容并蓄的开放态度,托尔曼关于学习目的和认知的概念主要源于格式塔学派的完形学说。

托尔曼的学说是建立在以白鼠为实验对象的位置学习实验和奖励预期实验的基础上,他认为一切学习都是有目的的活动,是在学习目标引导下的认知过程,学习过程中发生的试误反应是在学习者的主观认识指导下主动进行的,这个认知过程包括了对学习的目标、取得目标的方法、达到目标的途径、学习的情境和条件进行认知的过程,所以托尔曼不但研究了学习行为的外部表现,还探讨了学习的内部活动。

托尔曼认同试误学习理论的客观性和测量方法的简便,同时又认为学习的结果不是 S 与 R 的直接联结,在刺激和反应之间有目的与认知等中介变量,主张把联结学说的 S-R 公式修改为 S-O-R 公式,其中 O 就代表了有机体的内部变化。

（三）认知—发现学习理论

布鲁纳是世界著名心理学家、教育家和西方认知心理学的主要代表人物之一，是集心理学与教育学于一身的特殊人物。他涉及知觉心理和思维模式成因等领域的研究。他经过长期的对比研究和实践，在批判继承杜威教育思想的基础上，又在瑞士心理学家让·皮亚杰的发展心理学和德国的"格式塔"心理学的基本观点之上，逐步形成了自己的教学理论。布鲁纳的认知发现学习理论提倡本体发现学习，强调学习是学生主动认知的过程，重视学习者的内核动因，提出知识结构的思想。他的研究理论曾在教育界引起了一场声势浩大的讨论与革命，对后来者的影响与启发是功不可没的。

（四）学习条件论

1. 理论提出

学界很多认知心理学家认为认知是对信息的加工。认知是指转换、简化、处理、储存、提取、使用感官输入的过程。1974年，美国教育心理学家罗伯特·加涅以现代信息加工理论为基础，提出学习过程的基本模式。在信息加工过程中，加涅认为"执行控制"和"期望"是两个相对重要的部分。"执行控制"是指内在经验对当前学习的影响，"期望"是动机系统对学习过程的影响。

2. 主要观点

观点一：学习是信息处理的过程。这是学习者把对环境刺激中的信息进行内部认知处理的过程。加涅认为，认知策略贯穿于学习的过程中，学习过程通常分为八个阶段：一是动机阶段，激发学生的学习兴趣。二是了解阶段，是学习者学习过程的准备阶段。三是领会阶段，学习者能够选择性地感知外部刺激的特征。四是习得阶段，学习者真正开始学习，对获得的外部刺激进行知觉编码，形成短期存储，编码后转换成长期存储。五是保持阶段，是学习者进行信息提取的过程。学习者习得的信息经过编码后进入尝试记忆贮存阶段，在这个过程中学习者会注重对新旧信息的整合与提取分析。六是回忆阶段，分析综合学习者得到的信息，对新旧信息有一个整体的认知把握。七是概括阶段，学习者经过对信息的贮存、提取、分析综合之后，能够对信息进行抽象概括，概念化具体化。八是作业和反馈阶段，总之，在加涅看来，学习者完整的学习过程应该由上述八个阶段组成，每个学习阶段学习者的大脑都会对信息进行加工处理，使信息由一种形态转化为另一种形态。

观点二：学习与存储的信息处理模式是学习的典型模式。在这个模式中，外界环境刺激大脑，将感觉记录在短期记忆中。短期记忆编码存储在长期记忆中，长期记忆可以再提取。学习者不断接收到的刺激，被组织进各种不同的神经活动中，其中有些贮存在记忆中。当刺激情境与记忆内容以某种方式影响学习者的操作水平时，学习发生。因此，在加涅看来，学习与记忆的信息的加工过程是紧密相连的。

观点三：加涅认为认知策略是特殊的、非常重要的技能，是学习者用来指导自身进行注意、学习记忆、思维的能力，贯穿于认知过程的始终。认知策略是在学习者应付环境事件过程中控制自己"内部的"行为。在认知信息加工学习模式中，认知策略起执行控制的作用，并在以下几方面起调节作用：①知识结构的特征；②以便提取的编码；③问题解决过程的策略；④有利于迁移的方法。由此可见，认知策略对于学习者独立思考起到至关重要的作用。

二、认知主义理论对高职英语教学的启示

英语教学较之母语教学艰难许多，一方面学习者身处母语环境，使用第二语言的机会较少，另一方面第二语言的学习会受到母语的影响。英语教学者应切实把学生对英语的需求放在首位，在课堂上创设与真实情境相仿的学习情境来刺激学生的求知欲，促使他们自觉主动地投入英语学习中来。例如，英语视听说课上，教师可以根据课堂主题即时地从网络上搜索原汁原味的英语信息供学生参考，这样学生不单接触到了真实鲜活的语言材料，学习的兴趣更加浓厚，又保证了语言的准确性，便于学生大胆运用。

在高职英语课堂上，应注重培养学生的自主探究能力和协作学习精神。英语教学和其他学科的教学一样需要学生在教师的指导下对新知识进行研究、消化和吸收。学生在获取教师教授的大量语言信息后，自主地加以分析和研究，从中发现问题，探索解决问题的方法。学生的能力不断得到锻炼和提高，为今后的独立研究奠定了基础。自主探究培养的是个性化学习人才，而协作学习则是从团队互助角度来造就具有合作精神的新型人才。在高职英语教学中，除了以师生问答形式鼓励学生独立思考外，教师应组织多种多样的活动加强学生间的交流合作，营造互帮互助的学习氛围，促进共同进步。教师可以采用话题讨论、角色扮演、同

伴合作等方式锻炼学生的英语口头表达能力和组织协调能力，也可以采用组间竞赛、互动游戏等形式提高竞争意识，使他们学会取长补短、学会挖掘自身潜力。

第四节　能力本位理论

近年来，随着我国经济结构的调整和产业化的升级，社会各行各业对于专门的应用型人才，尤其是具有技术能力的应用型人才需求量剧增，故职业教育的重要性和地位有了显著提升。然而，目前我国职业教育改革正处于重要的转型期和发展期，国家就职业教育也出台了相关的扩招政策，但因各院校生源和质量不均衡，导致高职院校学生的英语基础差距逐渐扩大，英语教学的难度也有所增大。在市场需求和职业教育的双重背景下，传统的英语教学理念已经不能满足新时代职业教育发展对英语的要求。基于此，本节以能力本位理论为视角，结合当前高职院校的英语教学现状，试对高职英语教学做探索性理论思考，以期对高职教育事业的发展建言献策。

一、能力本位理论概述

（一）能力本位理论的内涵

20世纪60年代，美国很多企业发现高校只注重对学生进行理论知识的"灌输"，忽视了实际操作技能培养，造成学生不能顺利上岗。于是，以获得工作岗位必备的知识、操作技能、综合素质为教学目标，并把学生是否具备岗位的职业能力作为评估教学效果的能力本位教育理论应运而生。能力本位理论的核心是从职业岗位的需要出发，确定能力目标。

首先，高校邀请行业中的知名专家建立专业委员会，对每一专业对应的岗位群层层分解，明确学生从事这些岗位需具备的能力。其次，高校将岗位能力作为人才培养目标，把能力标准转换为课程，按照由易到难的顺序安排教学计划。再次，高校科学管理，组织教学人员实行模块化教学，且针对不同的职业能力采用灵活多样的教学方式。最后，高校以能力标准为参照，以学生是否达到能力要求作为教育评价的标准。

（二）能力本位理论的基本内容

能力本位理论是以从事某一具体职业所必需的能力出发确定培养目标、设计教学内容、选用教学方法、评估教学效果的一种教育理论，其具体内容包括四个方面和五大要素。

1. 四个方面

能力本位理论强调的是综合职业能力。若干专项能力构成了一项综合能力，若干综合能力构成某种综合职业能力。专项能力包括专业知识、工作态度、活动经验、职业评价（反馈）。只有这四个方面都达到，才能构成某一专项能力，且专项能力是以一个个的学习模块呈现的。

2. 五大要素

以职业能力作为培养目标和教育评价的标准；将能力标准转换为课程，实行模块化教学；采取灵活多样的教学方式适应学生的个性化差异；对照能力标准评价学生多项能力；授予相应的职业资格证书或学分。

（三）能力本位理论的优势

能力本位理论摒弃单纯的"学历为本"的传统理念，构建以能力培养为目标的实训平台，坚持市场导向，把培养具有创新精神和实践能力的人才摆在核心位置。20世纪90年代初，能力本位教育理论经加拿大引入我国后，就因为其显著的优越性，成为我国高职院校教学改革的方向。

首先，能力本位教育教学目标非常明确，注重对学生实际操作能力和职业胜任力的培养，学生毕业即能上岗，而非"纸上谈兵"，进而实现了教学内容与企业实践的有机衔接。其次，注重"学"而非"教"，强调学生的主导地位，并采取灵活多样的教学形式，调动学生的学习积极性。最后，全面考核学生是否掌握了职业能力，确保了能力培养目标的实现。

二、能力本位理论对高职英语教学的重要意义

能力本位这一教育理论将职业技能培育作为教学目标的重点，通过将教学过程中的管理科学化，强化学生的英语基础知识和英语专业技能。能力本位教育理论在职业院校英语教学实践中的重要性主要体现在以下两个方面。

（一）响应经济社会发展的必然需求

伴随着中外经济发展的融合，英语作为国际社会沟通交流的重要工具的地位和作用变得更加突出，社会对于人才的英语就业能力要求也不断提高。虽然高职

院校英语教学是通识教育中的一个重要内容,但是英语教育的成效与社会经济发展需求之间还是存在很大的差距。当前职业院校的英语教学质量和效果并不佳,学生的英语实际运用能力和表达能力还有很大的提升空间。教师将能力本位教育理论应用在高职英语教学改革实践中,可以有效提高学生的英语使用技能,从而满足经济社会发展的需求。

(二)响应高职院校教学改革的内在要求

将能力本位教育理念作为高职院校教学改革的指导思想,是职业院校教学改革的必然之路。职业院校作为技术型人才培养的重要场所,肩负着为经济社会发展输送合格人才的重要责任。职业院校英语教学需要将提高学生的就业能力作为出发点和落脚点,这就决定了职业院校英语教学活动必须因材施教,切实提高学生的就业能力和就业质量。教师在开展能力本位教育理论进行教学的过程中,不仅要加强学生对于语言基础知识的学习,同时还需要培养学生在实际交流中的语言运用能力。因此,能力本位教育理论能够有效实现理论与实践的融合,突出语言学习的基础性和沟通交际的实用性特点,从而切实提高学生的英语表达能力。

三、能力本位理论对高职英语教学的启示

目前高职院校的现状是学生的英语基础薄弱、英语教学内容的难度大、教材选取有难度、教学效果评价单一化等。对此,源自北美的能力本位理论,能够对当前高职英语教学起到一定的启示作用。

(一)能力本位理论下的教学方法

能力本位理论下的教学过程,即教学目标在教学活动中的具体实施。结合目前高职院校的生源现状,选择多元化的教学方法,在同一专业学生中,最大限度地提高高职英语教学质量,最终培养出适合市场需求的应用型技能人才,是当前高职英语教育教学改革的终极目的。

基于能力本位理论下的高职英语教学,不仅要以"岗位操作"为基调,着重培养学生英语实际应用和交际能力,而且要根据高职学生的特点和未来职业规划,注重培养学生的英语综合素养,将未来工作中的竞争机制引入课堂,模拟真实情境下的职业训练,让学生感知未来职业活动。在教学实施过程中,就当前的热点话题、学生感兴趣的话题、设计主题进行讨论,使学生在潜意识状态下掌握基本的、实用的表达方式和表达技巧。对学生课堂效果测试,可采取抽查或临时派同事和领导进行现场测试,一方面训练在真实语境下,学生的口语表达技能,培养

他们的英语学习兴趣和对未来职业的正确态度；另一方面可以督查学生和教师，发挥学生对待职业的主观能动性，自主创设情境，训练他们的英语口语技能。

（二）能力本位理论下的英语教材选取

教材是教师进行教育教学活动的重要载体。合适的教材除了要符合英语教学和学习规律外，还需要注重教师与学生的可接受性。

高职英语教材的选取，首先，要符合高职院校的办学定位和人才培养目标；其次，要考虑高职院校学生的接受度，结合高职学生心理发展阶段和知识接受度，合理编排教学内容，设计由简至难的教学安排和进度；最后，要给予系（部）和教师适当的自主性。系（部）和教师应结合学生特点，组织和鼓励开发高职英语教材，结合市场需求和历年毕业生就业方向和单位，强调实用、有用的专业能力开发和拓展。

能力本位理论中的"能力"，就高职院校来说，专指技术和技能，其外延应包括分析能力、综合能力、团队合作能力、职业能力、工匠精神、劳模精神等相关能力的综合技能。目前大部分高职学生在进入学校后，对自己和社会不了解，进入学习阶段后，所学的课程与其期待之间有落差，使他们有一种不适感。目前，教材很少关注学生的内心期望与专业结合度。因此，能力本位理论下的教材选取，应该秉持选择适合本院校学生的，并支持和鼓励本院教师研发校本教材。

（三）能力本位理论下的高职英语教学效果评价

一般来说，教育教学效果的评价，即评价教育教学的全过程，理应包括学生的学习态度、出勤率、成绩、实践教学等内容，同时兼顾对教学过程、教学阶段和教学全程的抽检与评价。高职英语教学属于语言教学，其目的不仅是让学生掌握英语语言的内在运行规则，还要其掌握英语语言的基本交流能力。考试是考查、考核甚至是评价英语教学效果的重要手段，尤其是检验和评价学生接受语言知识的重要途径。但是，考试唯一的弊端是，无法全面考查和考核学生运用英语语言的技巧和能力。在能力本位理论下，采取多元化的教学效果评价机制，能更加准确地考查学生掌握英语基础知识的情况，还能更有效地考查学生运用英语语言的能力和技巧，甚至是专业英语或岗位英语的基本情况。

能力本位理论下的高职英语教学效果评价，应体现在以下五方面。

第一，突出考查学生的英语应用能力，尤其是英语职场能力。如对学生作为办公室秘书的工作能力进行考核时，可以采用真实情境下的模拟考试，邀请英语教研室的教师作为考官，根据学生的行为表现进行量化打分，对学生的评价应该从知识体系转向应用技术，尤其是岗位操作能力的培养。

第二，教学内容的评价。教师应注重结合未来岗位对英语的需求，对学生进行全面考查，不应局限于教材之中。

第三，注重教学效果的过程性与目的性的结合和统一。

第四，增强岗位实践的教学评价。与高职教育中的"学一点、会一点、用一点、边学边用、学用结合"教学原则相适应。

第五，注重岗位操作与岗位资格的良性关系。这里主要是指后者，高职英语的培养一方面是岗位操作，另一方面更为重要的是岗位资格，即从业资格证的获取，而后者与高职院校毕业生的就业问题直接相关。

第五节 学习金字塔理论

一、学习金字塔理论的内涵与外延

（一）学习金字塔理论的内涵

"学习金字塔"由美国学者爱德加·戴尔于1946年提出，后经美国缅因州的国家训练实验室研究修改，提出了学习金字塔理论，该理论通过金字塔模型和具体数字向我们展示了两周后学习者用不同学习方式的平均学习保持率，具体如图2-1所示。

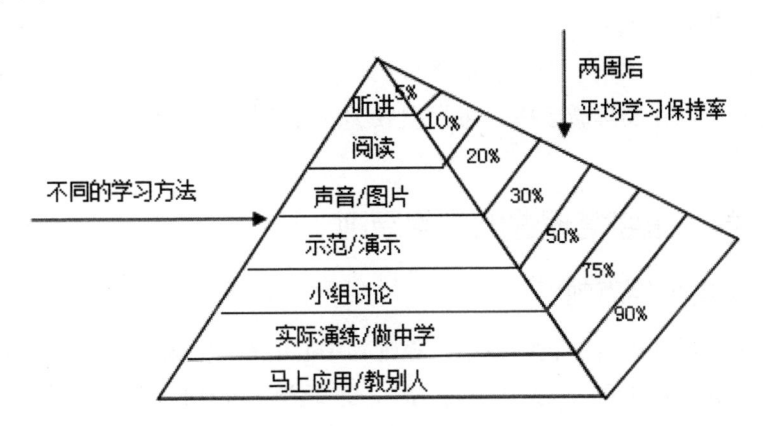

2-1 金字塔模型

从图上可以看出，从塔顶到塔基，两周后学习内容平均保持率逐步升高，其中采用位于塔顶的听讲方式，学生学习内容平均保持率最低，为5%；采用位于塔基的马上应用或教授别人的方式，学生学习内容平均保持率最高，为90%。位于塔的上部的听讲、阅读、声音/图片、示范/演示的传统方式，都是个人学习或被动学习，其学习效果在30%以下；而学习效果在50%以上的，都是团队学习、主动学习和参与式学习，包括小组讨论、实际演练/做中学、马上应用/教别人。

由上可知，学习金字塔理论揭示了主动学习和被动学习之间的差异，即学习效果是有差异的。

（二）学习金字塔理论的外延

学习金字塔理论直观展示了采用不同学习方式所产生的学习效果的差别，通过不同学习方式平均学习保持率的具体数值，可以明了地为教师教学方法的选择指示方向。教师可采用小组讨论、实际演练/做中学、马上应用/教别人等教学方式来提高教学效果，但这些方式有的并不只是普通意义上的或字面上的意思，还有相应的拓展延伸。

例如，"学做小教师"通常意义上是指学生在课堂上充当教师的角色，向学生讲授某一节内容或某一个知识点。但除此形式之外，它还可包括对知识的复述、对练习题的讲解、对课堂知识的总结概括等；不仅可以在课堂上教，也可在课后进行；不仅可以讲给学生听，也可讲给教师甚至自己听。通过"教"来变知识"输入"为知识"输出"，并在此过程中锻炼语言组织和表达能力，了解对知识的掌握情况，强化对知识的理解记忆。又如，"做中学"，在实际教学过程中可以有很多具体的表现，如角色扮演、课堂游戏、制作模型、调查实践、参观访问、模拟实验等。所以在实际教学中，可根据教学内容、教学时间、学生实际等灵活选择具体的教学方式。

二、学习金字塔理论的应用原则

（一）自主性原则

学习金字塔理论告诉我们越是以教师为中心的教学，越不利于学生对知识的掌握，知识留存率越低；越是以学生为中心的教学，越有利于学生对知识的掌握，知识留存率越高。只有学生亲身参与学习活动，成为学习主体，才会真正激发学生的学习动力，才更有利于学生对知识的掌握。因此，在将学习金字塔理论应用于高职英语教学中时，要遵循自主性原则，以充分调动学生学习的主动性。

（二）高效性原则

学习金字塔理论虽表明主动学习效果更佳，在课堂上可多采用小组讨论、实际演练/做中学、马上应用/教别人等方式，但会占用较多的课堂时间，而每节课的时间是有限的，并且要在有限的时间内完成一定的教学任务，因此我们不能一堂课都采用这些方式，而是要抓住学生的注意力特点，在不同的时间采用不同的学习方式，对不同的学习内容采用不同的学习方式。

如图 2-2 所示，学生在课堂前 15 分钟左右注意力高度集中，中间 15 分钟左右注意力比较分散，而下课前 10 分钟左右注意力又得到回升。因此，前 15 分钟左右是高效学习阶段，教师可通过讲授的方式解决不得不由教师讲的问题。而中间 15 分钟左右学生注意力分散，精力不够集中，是相对低效的学习阶段。为唤起学生的注意力，提高教学效率，应避免单一教学方式特别是单纯讲授，可采用小组讨论、实际演练/做中学、马上应用/教别人等主动参与式的学习方式。在最后 10 分钟左右是较高效的阶段，在这一阶段可强化重难点，并对重难点内容进行回顾总结，形成知识体系。通过以上方式，可使教学效率大大提高。因此，在实际教学时应遵循高效性原则，将学习金字塔理论所展示的不同方法应用于不同学习阶段。

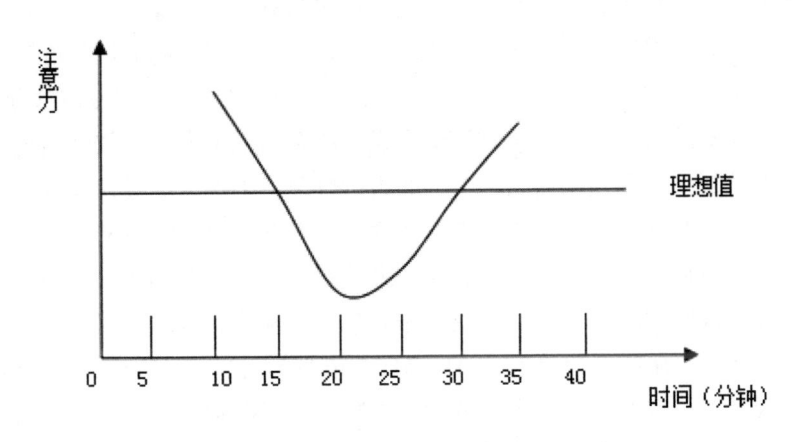

图 2-2　学生课堂 40 分钟注意力变化图

三、学习金字塔理论对高职英语教学的启示

学习金字塔理论介绍并生动展示了多种学习方法及其有效性，为我们如何最大限度地提高英语学习效率、增强课堂育人效果带来了启发。如果把金字塔下半部分的几种主动学习方法看作语言输出，那么上半部分的听讲、阅读、视听和演示就是语言输入。对于高职英语学习者来说，由于缺乏自然地使用英语的环境，无法通过与外界的交际与实践潜移默化地吸收并习得语言，因此必须借助于有意识的学习过程来培养和发展自身的外语能力。语言输入、学习者内化和语言输出在英语学习和教学过程中都是不可或缺的。教师可以从以下几方面着手，在语言输入和语言输出的各个环节激发学生的学习兴趣和主动性，促进高效学习。

（一）转变教师角色

在传统的英语课堂中，教师是教学的核心，教师是课堂的主角，而学生的主要任务就是跟着教师的步伐，认真听讲即可。虽然随着高职英语教学改革的深化，越来越多的教师也采用了先进的多媒体教学，引入了音频、视频等学习资源，教学手段日益丰富，教学形式更加多样。但是大多数英语课堂仍是教师的"一言堂"，依托课件等资源讲授课文，解释词汇语法，学生看书、听讲、做笔记、朗读、背诵。课堂上的讨论与实践环节，只是作为教师讲课的补充，学生更多时候是被教师"牵着鼻子走"，缺乏主动性。原本英语基础不好的学生，如果跟不上教师讲课的节奏，就很容易丧失信心和学习动力，从而一蹶不振。教师应该认识到：学习者群体之间的交互作用对于知识的构建与学习起着至关重要的作用，教师自身不应只是简单地传授知识，应该是学生成长道路上的领路人和前进的榜样。教学过程中教师更应该在教学素材选择、应用、活动设计与组织、价值引领上下功夫，同时把更多课堂的时间还给学生，让学生成为课堂的"主人"。教师通过加入更多需要学生动脑、动手、动嘴的环节，如角色扮演、小组任务等，促进师生、生生之间的互动。教师用双向的多样化的课堂互动教学来启发学生的思考，启迪学生的心灵，营造良好学习氛围，培养辩证思维能力，增强育人效果。当今世界，各种优质教育资源"触手可得"，教师作为某一个领域专家的"权威性"也于无形之中被弱化了。在这种背景下，如果高职英语教师还自诩"权威"，高高在上，老生常谈或者一味说教，硬生生将政治理论搬到英语课堂上讲，必定会招致学生的厌烦与反感，更谈不上良好的学习和教育效果了。反之，在高职英语教学中，教师要像学生的朋友一样，循循善诱，"春风化雨"，效果才会更好。

（二）激发学习动机

教学绝不应是知识的简单重复与传递，而是教师帮助学生在原有知识与经验的基础上构建和处理新知识的过程。高职英语课程也是动态的、基于学生需求和现实的教学情况不断调整教学计划。因为学生才是学习的主体，只有充分调动学生自身的积极性，使被动学习变为主动学习，才能达到更好的学习效果。学习动机有内在动机和外在动机两种，前者一般来自个人对某件事情本身的兴趣。对于英语学习来说，往往是学习越差的学生，兴趣越低，学习成绩好的同学往往学习兴趣也较浓，因为学习可以为其带来较高的学习成就感与获得感；反之，学习落后的同学往往更缺乏学习的兴趣与动力，导致"破罐子破摔"。如何调动学习成绩落后学生的内在学习动机，就是教师需要着力解决的问题。要想充分激发学生学习英语的动机，教师首先必须充分了解学生的实际英语水平与学习需求，在此基础上对症下药，采取针对性的措施与办法。对于学习成绩还不错的学生，教师可以拓展学习素材，丰富学习内容并适当加深学习任务的难度，以此来激发学生积极思考，主动参与学习过程。对于学习基础薄弱的学生，教学设计时要充分考虑他们的水平，无论是课前任务、课中活动还是课后练习，都要难度适当；同时需要添加一些学生喜闻乐见的、积极向上的与文化、生活和未来职业相关的学习主题、学习素材，供课堂活动使用。外在动机主要源自外部因素给予的压力，如教师和家长的激励、奖惩机制及考试评价等。教师在注重强化学生内在学习动机的同时也要提升学生的外在学习动机。在教学过程中，教师应当主要采取鼓励性的、积极正面的评价语言，把"纠错"的机会留给学生自己，以免打击学生原本不高的学习积极性。在教学评价机制方面，教师不仅要采用科学（过程性评价为主，过程性与终结性评价相结合）的评价方式，更要在第一堂课就讲明教学评价方式，并且一以贯之，使学生心中有数。身教胜过言传，教师公平、公正的教学评价有利于学生学习兴趣与动力的保持，更有利于教师以身作则，用榜样的力量影响学生的言谈举止。

（三）改变教学模式

当代大学生是网络"原住民"，"人不离机，机不离手"就是当代大学生日常的状态，网络世界已成为他们学习和生活的重要空间，也影响着他们的思想与观念。基于此，高职英语教师也要与时俱进，充分利用网络的海量资源与先进的信息技术来辅助教学。"线上+线下"混合式教学模式可以弥补线下教学课时不足的问题，对学习时间与空间加以延伸，学习效果加倍。具体来说，在课前，教师可以下发学习任务单，上传课件、文本学习资料、微课、视频等学习资源供学生用手机自主学习，并通过线上测验了解学生掌握程度；课中，教师根据测验结果有针对性地答疑解惑并通过各种活动让学生对本节重点内容进行练习。课后，教师针对学生的不同水平布置相应的作业与小组任务，促进小组合作、培养学生团队协作精神和职业素养。

根据学习金字塔理论的学习方法和留存率效果，为了保证高职英语课程的学习效果，可以从教师角色，学习动机和教学模式三方面入手，构建以信息技术为支撑，"线上线下教学结合，以学生为中心"的课堂。此外，鉴于学生的学习水平与个体差异，教学实施还必须遵循三个主要原则：适时性、适切性与适度性。

首先，教师的口头激励与教学评价反馈要适时，适当的鼓励和表扬能提升学习信心，激发学习动力；及时的评价与反馈可以让学生感觉被重视，也有助于及时发现和解决学生学习难题。

其次，无论是课前或课上的语言输入（即听讲、阅读、视听和演示），还是课堂与课后的自主活动（讨论、实践等）内容都必须适切，充分考虑学生的现有水平与成长需求。

最后，教学过程中的输入量、作业量都要适度，以免使学生产生消极抵触心理，影响学习效果。混合教学模式下丰富多样的自主学习素材、科学严谨的教学设计、自由轻松的学习氛围，加上多样化的小组任务，可以在很大程度上使学生真正参与学习过程，不仅增强了学习效果，还提升了学生的自主学习能力。

第六节 脚手架理论

一、脚手架理论概述

（一）脚手架理论的产生背景

在教育学界，美国心理学家伍德沃斯、美国著名教育学家杰罗姆·布鲁纳等人将"脚手架式教学"定义为儿童或初学者在教师的帮助下完成一个他们难以独立完成的任务，并且当教师发现学习者已经掌握新的知识或技能后撤离辅助的教学过程。布鲁纳在20世纪60年代首次将"脚手架式教学"这一术语用于对教学模式的定义。

布鲁纳广为流传的教育学著作《教育过程》成为 20 世纪 60 年代推动西方课程改革运动的强大因素，他在该书中指出如果课程知识被教育者合理地呈现给学生，那么学生可以在他们的认知发展阶段学习很多科目的知识。根据他的理论，所有的儿童对不同的学习任务都抱有天生的好奇心和求知欲，然而，如果给他们呈现的知识过难，他们就会对新知失去兴趣。因此，教师应该根据儿童的最近发展阶段来调整课程难度，把新知难度控制在富有挑战但又不至于超过儿童最近发展区的范围内。另外，新知的呈现和教学最好基于儿童已有的知识和技能，并且建立在师生互动的框架里，布鲁纳把这样的教学过程称为"脚手架式教学"，即教师在可操控的范围内限制儿童的选择，换言之，就是在教学过程中把控儿童学习的"自由程度"。在此基础上，布鲁纳提倡建立"螺旋上升式的课程设置"，他认为儿童的课程应该逐年增加难度，逐步提高课程的复杂度，布鲁纳开发的社会科学课程在 20 世纪 60、70 年代被广泛使用，他在关于儿童认知观念的研究中指出儿童的个人观念对其自身认知观念的发展具有重要影响。脚手架式教学不仅会对学习者产生即时效果，并且长远来看，脚手架式教学还可以培养学习者独立解决问题的能力。

（二）脚手架理论指导下的教学步骤和方法

1. 脚手架理论指导下的教学步骤

脚手架理论教学的实施步骤一般分为五步，教师可以遵循这五个步骤来进行教学时的脚手架搭建和撤离。

第一，建立脚手架。这一步骤要求教师根据学习者的最近发展区，结合教学目标和学习者的现有水平制定合适的教学脚手架，帮助学习者通过脚手架逐步掌握新知或技能。

第二，寻找节点，进入情境。教师需要在建立的教学脚手架中寻找一个教学节点，从该节点出发，引导学习者进入情境，在脚手架中以此为起点开始逐步学习。

第三，让学习者在情境中独立探索。首先，教师要示范模型或阐述新知，然后让学习者自己来尝试、分析，在此过程中教师应该向学习者给予必要的提示并且及时提供帮助，逐渐从脚手架的起始节点向上攀升。刚开始时教师的引导和帮助比较多，随着学习者探索的进步，教师辅助逐渐减少，最后完成学习者自己的能力建构，使其在没有教师的引导下也能独立完成任务。

第四，与同伴一起合作学习。该步骤经常采用小组讨论、同桌探讨的方式，让学习者与同伴交流各自的想法，通过讨论来完成相应的任务，最后让小组成员来展示他们的讨论成果。

第五，学习效果评估。在学习效果评估中，包括学习者对自己的评价、小组组员评价，评估内容包括学习者对自己合作学习小组的贡献以及是否完成了所学内容的知识建构。

2.脚手架理论指导下的教学方法

研究表明，脚手架理论教学的常用方法不是固定的，在国内外不同的教学实践案例中研究者们运用了各不相同的方法来进行教学脚手架的搭建。因教学场景不同、教授的学科不同、教学计划不同，研究者们采用的脚手架式教学方法各有侧重。因此，可以将脚手架理论教学的常用方法总结归纳为以下几点。

第一，提供范例。教师在引导学习者进入情境的环节时，可以适当地列举贴近学习者生活的例子，这样可以将教学内容生动直观地呈现在学习者眼前，由此激发学习者的学习兴趣并且避免了繁复枯燥的理论解释。

第二，应用启发性提问。心理学家帕特于1967年归纳出提问的五种作用，分别是检查理解、帮助教学、诊断困难、促进记忆和刺激思考。提问的目的多种多样，提问方式也各有不同，教师可以充分利用不同的提问方式来启发学习者思考、提供必要的学习线索和帮助。

第三，借助工具。在学习者学习的过程中，教师往往需要借助一些教学工具来完成教学任务。这些辅助工具是多种多样的，可以是图片、视频、音频、实物等。

二、脚手架理论对高职英语教学的意义

在高职英语脚手架理论的应用中，教师要想提高学生的应用学习能力，必须拓展学生的英语知识储备量。其中，高职英语脚手架理论的应用应围绕学生英语知识的获取，加强学生对英语基础知识的理解与掌握。因此，在高职英语教学过程中，教师要注意拓展课本外的知识，增加学生的知识储备量，还可以帮助学生总结英语学习框架，并选用不同的学习主题来引领学生开展学习。通过融合英语知识以及学习方法等诸多要素来开展教学，从而提升学生的学习能力。

三、脚手架理论对高职英语教学的启示

将脚手架理论合理应用到高职英语教学中，可以有效解决高职英语教学存在的问题。脚手架理论是指围绕一个学习主题，给学生搭建概念框架，之后将学生带入一定的问题情境中。在掌握一定的知识技巧后，学生在独立探索的同时进行小组协商、讨论。在脚手架理论的过程中，通过支架调控学习任务，在支架的帮助下，学生的认知达到更高的水平。教师的作用就是完善辅助和引导学生学习的支架，从而提升自己的教学能力和素养。脚手架理论是一个完整的体系，可以将脚手架理论分为以下几个部分。

（一）搭建支架——围绕学习任务，确定学生的最近发展区

教师可以根据学生预习后对课文的理解、对课文主题的把握情况，或者通过课堂提问、观察和交流来确定学生的最近发展区。同时，也可以根据学生在课堂或单元自测中发现的困难及问题而得到教学反馈，从而调整支架的设置。

教师在讲一个阅读文本的时候，可以设置一个问题支架，也就是设置几个问题，这些问题要具有发散性，且由浅入深。比如，在讲特色美食意大利面（Spaghetti）的时候，可以设置一些开放性问题，如"What's the difference between Spaghetti and Chinese Noodles? Do you know other specialty in Italy?"等。然后让学生进行分组讨论，找出答案。同时，教师也可以多讲解一些关于意大利的风土人情，让学生在了解特色美食的前提下，也了解了意大利这个国家。学生在讨论过程中，其学习兴趣被有效调动。

在讲一词多义的时候，完全可以把这个单词放在不同的语境中让学生去体会。让学生不再单一记单词，而是在恰当的语境中运用单词。比如，单词 man，意思是男人，那么 English man 是何意？可以在课堂上以抛砖引玉的方式启发学生来联想其他带 man 的单词。这样既能调动学生的学习兴趣，也提升了学生的课堂参与度，同时也为学生的单词积累打下了良好基础，因此，教师在运用脚手架理论时会感到事半功倍。有目的地引导学生思考，就是搭建支架的过程，使得学生在枯燥的单词学习过程中，体会到单词学习的乐趣，增加学习兴趣，激发学习主动性，同时教师也可以在教学过程中完成角色转换，真正把课堂还给学生。

（二）进入情境——将学生引入一定环境氛围之中

使用信息技术工具，教师将学生引入一定的情境，让学生身临其境，在自然轻松的学习氛围中获得知识和技巧。

在单词教学过程中，便可以创设情境。第一种方法是以考促学，可以直接把某个单词放在考试真题中来进行拓展。比如，单词 man，通过搭建支架，将 man 拓展到 human，然后再放入考试真题中。在这种学习情境中，学生可以进一步学习这个单词。

另外一种方式是在学习文本的时候，将单词放在语境中练习。比如，学习"Lizzy Murray"的时候，在做完课本习题的基础上，可以让学生进行角色扮演。分小组表演，指定一个人扮演记者，其余人扮演 Lizzy。把对课文的学习设置成一个采访情境，记者针对课文提出一些问题，比如，"Lizzy, why do you want to change your life? What will you do in your university's life?"，而 Lizzy 们根据课文进行回答。

在进行角色扮演的时候，学生可能会碰到不会的单词和短语，这时教师的引导作用就可以显现出来了。教师可以通过播放关于 Lizzy Murray 的电影《风雨哈佛路》（Homeless to Harvard）的片段，在情境支架的支持下，让学生更快地进入角色，体会到角色的喜怒哀乐，迫切需要用各种单词去表达自己，讲述自己的经历。学生对于单词、短语以及语法的需求量增加，提高了学习的迫切性，更能体会到学习的乐趣。

（三）独立探索——学生自主完成任务

随着学习的深入，教师可以逐渐减少指导。教师要鼓励学生独立探索，让学生对阅读材料进行自主翻译和理解，或者进行发散性思维，拓展其思维空间，比如，从网络、图书等资源获取资料。在上述阅读教学中，教师在学生进行角色扮演后，引导学生对人物传记的写法进行探讨。在一定支架的帮助下，学生可以更好地总结人物传记的写法。在课后，教师可以让学生针对自己所崇拜的人自行查资料，独立完成这一人物的传记。

（四）协作学习——小组式合作交流

整个脚手架理论过程中，小组合作必不可少。在搭建问题支架、进入情境的时候，强调小组作战，提高学生的课堂参与度，减少课堂沉默者以及观光者的存在。

线上教学时，学生分开上课，聚集在一起的机会比较少，体会不到协同作战的效果。在这种情况下，教师应注重课下的讨论和探讨。比如，在教学"Lizzy Murray"的过程中，教师鼓励学生进行小组分工协作，做好人物的选择、重要事迹的摘抄、资料的整理等。资料整理后，对于同一个人物的材料，不同的学生的整理结果是不同的。所以，协作学习与独立探索并不冲突，二者相结合更有利于提高学生的学习效率。

（五）效果评价——多主体的形成性评价

评价过程就是结果输出环节。在此环节，使用形成性、结果性评价等多种评价方式相结合的方法，既关注结果又关注过程，既关注成绩又关注学生的知识掌握情况甚至学生的品德修养。形成性评价形成的数据更能反映学生在脚手架理论的环境下成长的过程。而结果性评价仅能反映学生一段时间内的学习成果，并不能全面反映学生的学习情况。因此，应将形成性评价和结果性评价相统一。

以上五个部分中，搭建支架处于核心位置和基础地位，它决定了后续四个部分能否顺利完成。搭建支架的过程，就是教师备课的过程。在搭建支架的基础上，教师进一步搭建情境支架，使学生身临其境，提升学生的学习积极性，提高英语课堂的趣味性。之后让学生自己去探索新知，这就实现了跳一跳摘个桃的设计初衷。而小组协作让学生的参与度更高，并找到自己的不足，发挥自己的优势，增强团队精神。效果评价阶段是脚手架理论的输出阶段，全面、科学的综合评价可提高学生的学习动机和兴趣，使英语教学获得良性发展。

总之，将脚手架理论应用于高职英语课堂是可行的，具有一定的优势和意义。运用脚手架理论的高职英语课堂活泼有趣，学生更易接受，参与度更高，更能够体会到英语学习的乐趣，更能获得语言学习和探索学习的成就感。

在脚手架理论模式下，师生角色发生转换，教师逐渐成为学生的引导者，学生成为学习的主体，真正将课堂还给学生，这样更有利于培养学生的探索精神，学生利用教师适时提供的"支架"，发挥自己的主观能动性，积极思考。

第七节　最近发展区理论

最近发展区理论与建构主义理论、人本主义理论等诸多的教学理论都对当代的高职英语教学改革实践产生了重要的影响。如果说建构主义理论、人本主义理论在高职英语教学改革的实践中偏重于对学生自学能力的培养，那么最近发展区理论则侧重于对教学策略的影响，特别是对于如何确定高职英语教学的内容、高职英语教师思考如何设计自己的教学思路有着前所未有的启发作用。

一、最近发展区理论概述

（一）最近发展区理论的产生背景

维果茨基从 1917 年开始进行心理学领域的研究。通过艰苦努力、辛勤付出，他获得了在心理学领域的独特见解，创造性地提出了心理学发展的中介原则，心理学工具作为中介可以直接导致心理学功能的整合观和历史观，拓展内部化学理论。这一观点和命题丰富了其文化理论的核心内容。后来，西方学者从不同的角度对这一理论进行了研究和重新阐述。学生的认知水平有两个层次：一个是学生现实的发展水平，另一个是学生的潜在发展水平，两者之间的差异或距离是学生认知的最近发展区。维果茨基认为，旧的发展观虽然有许多缺陷，但并没有真正指向人和动物不同部分的高级心理功能。他认为人类使用工具，无论是物质上的工具还是精神上的工具，都已经形成了适应现实世界的新方法，如语言、文字和符号。

（二）最近发展区理论对教学的干预手段

最近发展区重视同伴以及成人的作用，通过同伴的协作以及教师的帮助，可以有效地从现有水平达到更高的水平。以下将介绍三种干预手段，分别是支架式教学、动态性评价和合作性学习。

1. 支架式教学

支架式教学也是由维果茨基提出的，在某种意义上支架式教学相当于最近发展区的一个"梯子"，可以更好地让人从最低发展水平渐渐地往高级发展水平发展，就相当于一个手段和工具。教师针对该阶段学生的认知特点和存在的不足，为学生提供帮助学习的支架，在教师的引导下，学生逐渐摆脱支架扶持，直到独立地完成任务。这种框架中的概念是为发展学习者对问题的进一步理解所需要的，因此，事先要把复杂的学习任务加以分解，以便于把学习者的理解逐步引向深入。支架式教学还要考虑学生的个体差异，不同的学生现有水平不同，提高的支架也要进行调整以适应学生的需要。这就需要教师在教学中准确把握学生的水平，从而为学生提供合适的支架。

2. 动态性评价

教学评估是教学过程不可或缺的组成部分，维果茨基作为动态评估理论的奠基人，提出的最近发展区理论推动了动态性评价观的飞速发展。其中，最近发展区理论里引申了两种动态性评价，一种是整合了教学过程的评估，另一种是整合在教学过程中的评估。在最近发展区理论中，儿童的潜在水平的确定取决于儿童在学习中未来可能获得的结果，是一种正在成熟的过程，因此在过程中给予一定的帮助可以使一些未被开发的隐含的能力挖掘出来。学生随着教学活动的进行，不断在现有水平的基础上获得一定的发展，这一观点对动态性评价中采取前测—教育干预—后侧的评估方式有一定的启发作用。所以在教学中根据学生的反馈，随时调整教师的教和学生的学，对于学生学习过程中的表现、取得的成果进行评价，可以激励学生学习的积极性和主动性，提高自信心。动态性评价要考虑学生的需要，重视教学的过程，学习中的感悟与体验。

3. 合作性学习

一个人的最近发展区不是一成不变的，而是随着学习者的互动交流自然发生，并不断发展和变化的。人的能力水平是在接受帮助和帮助他人的过程中得到提高的。当学习者与他人或者能力较高的同伴共同参与某项任务或者互动时，就促进了其认知的发展。在互动性的教育活动中，通过接受他人指导和指导他人，增进了自己的理解。最近发展区的关键是考查学习者在有帮助和无帮助情况下，两种水平之间的差异，并注重挖掘学习者的学习潜能。学习者通过接受帮助和与他人合作，形成独立完成该项任务的能力，因此，最近发展区重视同伴的力量，通过同伴之间的合作达到发展。教师在教学过程中不能忽视同伴之间的作用，教学活动的设计要注重学生之间讨论交流的环节，生生合作可以促进教学的进行，是教学的一个重要组成部分。在教学时可以通过同桌之间相互交流、小组之间进行讨论、全班同学集体讨论等，发挥出集体的作用。

因此，在教学过程中，针对教师采取支架式教学和动态性评价，针对学生采取合作性学习，帮助学生弥补现有水平的不足，达到潜在的水平。

二、最近发展区理论对高职英语教学的启示

最近发展区理论对于当代高职英语教学改革实践的影响，可以从以下几个方面进行逐一阐释和说明。

（一）最近发展区理论与教学内容的确定

最近发展区理论对于如何确定具体的教学内容为高职任课教师提供了具体的策略。

首先，确定教学内容应该基于学生的现有知识水平而又不能脱离学生的发展潜能，即具体的教学内容必须与学生的最近发展区保持一致。如果确定的教学内容和难度低于学生的最近发展区，那么具体的教学过程就不能激发学生的学习兴趣，就不能调动学生的知识性，因为这些教学内容是大部分学生都已掌握的知识。如果与此相反，确定的教学内容与教学难度高于学生可接受的水平，那么这些教学内容又会因为太难以掌握而使高职学生发生畏惧，从而产生了厌学的情绪。所以，最好的办法就是使自己的教学内容与学生的最近发展区保持大体上的一致。因为，任何一个教师都不可能做到自己任何一次教学都能与学生的最近发展区保持一致。

其次，在具体的教学过程中，任课教师所确定的教学内容要尽可能与中等学生的最近发展区保持一致。众所周知，在班级授课制中，由于同一班级里学生人数众多，而这众多的学生及其知识水平、能力水平又处于不同的最近发展区，所以，唯一可行的教学策略就是使任课教师自己的教学内容与中等学生的最近发展区保持一致。根据这样的教学策略所确定的教学内容，既可以满足大多数学生的学习需要，又可以兼顾优等生和差生的学习需求。

（二）最近发展区理论与教学方法的选择

最近发展区理论似乎与教学方法的选择没有太大的联系，然而事实却非如此。在具体的高职英语教学实践中，最近发展区理论指导下高职英语教学使之与教学方法之间的联系得到了淋漓尽致的表现。

首先，教学内容决定教学方法。因为根据最近发展区理论所确定的高职英语教学内容是面对中等生学习需求的，所以，在具体的教学实践中，任课教师所使用的教学方法一定要适合中等生学习的需要，同时兼顾优等生和差生。也就是说，无论是讲授法，还是讨论法，无论是自学法，还是练习法，它们都必须在因材施教的原则指导下进行，否则，就无法照顾到处于不同发展区学生的学习需求。

其次，因为最近发展区理论不仅关注学生的潜能发展，而且还关注学生的自主学习性。因此，在目前的高职教学改革实践中，高职英语教师还应该把最近发展区理论与其他的教学改革理论相关联。尤其是微课教学的实践，更能使最近发展区理论在教改中发挥自己应有的作用。因为如果能够把在最近发展区理论指导下确定的教学内容通过微课的形式向学生展现，则不仅能激发学生的学习性，而且还能使更多的学生在学习中主动地选择自己需要学习的内容。而这种主动选择学习内容的过程就是教师对学生主动能性的培养过程。

（三）最近发展区理论与教学习题的设计

最近发展区理论不仅是确定教学内容的依据，而且它也是任课教师设计习题的原则。众所周知，只有在高职英语教学实践中全方位地落实最近发展区理论，才能使最近发展区理论的优势得到全面的展现。全部的教学过程不仅包括教学内容的确定、教学方法的选择，而且更应该包括课后巩固习题的设计。有且只有在习题设计中也体现了最近发展区理论的指导，高职英语教学实践改革才是最完善的改革。

总之，最近发展区理论对高职英语教学改革产生了重要的影响。它不仅使任课教师在确定具体教学内容时有了科学的依据，而且最近发展区理论也使任课教师的习题设计有了新颖的思路。

第三章　高职英语教学改革的理念

高职英语课程教学改革对学生学习能力的培养提出了新目标，重点强调学生实际应用能力的培养，教师在教学中充当组织者、领导者角色。作为学生的组织者与引导者，高职英语教师在教学中应顺应改革趋势，不断更新知识结构，掌握好高职英语教育改革的新理念。本章分为成果导向理念、产出导向理念、三全育人理念、立德树人理念四部分。

第一节　成果导向理念

一、成果导向理念概述

（一）成果导向理念的定义

成果导向理念，简称 OBE（Outcome-based Education），是一个重要的教育理念。20 世纪 50 年代，苏联发射第一颗人造卫星后，美国民众对国家在科技领域的表现存在不满情绪，并且开始反思教育结果的重要性和教育的实践性。成果导向理念在这样的背景下孕育、发展起来，在美国以及其他国家得到了广泛的关注和应用。美国学者将其定义为："清晰地聚焦和组织教育系统，使之围绕确保学生获得在未来生活中取得实质性成功的经验。"有外国学者对其做了一个精炼的解释——"产出决定过程"。也就是说，整个教学的重点是学生经过学习之后真正能做什么。

（二）成果导向理念的理论基础

美国著名教育学家斯派帝对成果导向理念的来源、发展以及理论基础进行了系统的梳理。可以知道，成果导向理念的理论基础可以追溯到与伯尔赫斯·弗雷德里克·斯金纳和约翰·华生等美国实验心理学家有关的行为主义。相比于行为的内在机制，他们对可观察到的行为更感兴趣。美国教育家泰勒强调课程应该围绕由教育者所建议的明确的目标来设计，要考虑到学生的需求和当代社会的要求。在泰勒之后，美国心理学家、教育家本杰明·布鲁姆把教育目标分为知识、能力和态度三方面，他也提出了"掌握学习"这一理念——在进入下一阶段的学习前，学生必须掌握一定程度的"前提知识"。

斯派帝被誉为成果导向理念之父，因为他为成果导向理念打下了最系统化、最详细的理论基础。在他的《以成果为本的教育：争议和答案》一书中，他明确了成果导向理念的定义，解释了为什么成果导向理念会吸引大家的兴趣，如何让成果导向理念影响学校和学生，回答了一些关于成果导向理念的矛盾问题，也预测了成果导向理念实施的主要趋势。受斯派帝的启发，教育家哈登再次强调了成果对于课程规划的重要性，并用建造大楼前画草稿的重要性来做类比。

上述概述说明了成果导向理念，受到很多有影响力的学者的拥护，也有着越来越完善的理论依据。

二、成果导向理念与高职教学的关系

（一）成果导向理念与高职教学的契合

1. 符合高职教育的本质

当今这个快速发展的社会需要有知识、有与工作岗位相匹配的能力的毕业生。高职教育的三个本质特征为"高等性""职业性"和"应用性"，它所培养的是能适应市场、技能傍身的学生。而成果导向理念正是以外部需求为基准，确定培养目标和教学成果，反向设计教学活动和评价标准。从这一角度来看，成果导向理念是完美适用于高职教育的。

2. 符合我国高职教育改革发展方向

传统的教育系统所培养的毕业生已经不能满足 21 世纪的需求，因此，各个国家急于进行教育改革。2015 年《高等职业院校内部质量保证体系诊断与改进指导方案（试行）》中提出高等教育的工作方针是"需求导向、自我保证、多元诊断、重在改进"；2019 年《国家职业教育改革实施方案》中提到"发展以职业需求为导向、以实践能力培养为重点""普遍实行 1+X 证书制度""启动实施特高计划""校企合作"，根本目的是提升我国高职教育的技术技能型人才培养质量。人才的需求促进教育的改革，课堂教学及教学模式改革是提高人才培养质量的关键。以国家的当下政策来看，成果导向理念模式与高职教育改革正相关。因此，成果导向理念对高职教育具有较大的适应性。

（二）成果导向理念与高职教学的冲突

1. 成果导向理念对学生学习带来的成效仍需考查

成果导向理念本身存在理论上的疏漏和实证研究不足的问题。有学者调查学生们如何用课程目标、考试大纲和教学内容备考。研究发现只有34%的学生会在备考时考虑到课程目标，而且这并不能保证他们能在考试中取得中上等成绩。有一些文献有提供实践性证据来证明成果导向理念确实给学生带来了好处，但也有很多学者指出这些文献数量太少，而且不够有力。

2. 成果导向理念模式弱化英语课程中的重要内容

成果导向型教育理念在实践性比较强的专业上取得了成效。2016年，我国成为《华盛顿协议》的正式会员，意味着我国工程教育确定吸收成果导向理念。成果导向理念要求"成果"是"可操作的，可观察的，能够用行为动词描述的"；而价值观、情感、态度等难以定义和评价的领域则排除在学习成果之外。因此，比起应用型学科，这一理念似乎不太适用于人文学科。回归到高职英语教学，从某一角度，意味着英文课堂上就是要更关注学生英语应用方面，即听、说、读、写的技能，而忽略英美文化输入、跨文化意识、国际视野等思维、价值观方面的成果。毕竟这些成果是隐性的、长期性的、不易观察的。但是，这些正是英语学习中不可或缺的重要内容。

3. 成果导向理念模式所强调的正是高职学生英语学习所欠缺的

首先，成果导向理念其中一点是强调学生主体地位、学生自我探索和自我学习能力。这种模式关键在于学生的参与度和学生的积极性。从目前高职院校的生源来看，运作起来有相当的难度。尽管让学生一开始就清晰地认识到自己最终需要达到的目标和能够获得的能力，能给予学生一种隐形的期望和动力，这种驱动对于学生学习自己出于兴趣所选的专业相关的课程可能有一定影响，但是对于公共课的英语学习，大部分高职学生都存在抗拒心理，自我驱动力比较薄弱，还是需要教师进行更大力度的督促和引导。

其次，在成果导向教学模式下，课堂上更多是采用讨论式、探究式、翻转课堂等方式，以讲授为辅。对于高职院校学生的英语水平而言，这些活动不太好展开。高职院校学生的英语水平并不能够支撑他们进行英文讨论或者探究，更多的还是需要教师的输入，以讲授为主。

4.教师实施成果导向教学模式存在困难

成果导向理念要求教师准确把握每个学生的学习轨迹，及时把握每个人的目标、基础和进程，对学生进行个性化的评定，但是这会给一线教师增加不少负担。当教师们谈论在电脑课上运用成果导向教育的情况时，细化每项目标成为一件令人苦恼的事。而且，虽然他们想要进行成果导向理念所倡导的标准参照评价，但是实际上他们不得不重新使用常模参照评价。这是因为班级学生人数较多，频繁地准备不同的作业来评分、给反馈是一项很耗时间的巨大的工程。

三、成果导向理念融于高职英语教学的方法

针对以上四个冲突点，可以提出以下方法，以期能让成果导向理念更好地渗透到高职英语课堂教学中。

（一）加强对理论本身进行实证研究以及本土化研究

马来西亚的玛拉工艺大学为了检查在学校按照成果导向教育理念修改了课程之后，学生在实现项目目标和课程目标上的表现，对44名学习东南亚事务的学生进行调查。学生分别在学习结束前和结束后做了关于课程目标的问卷调查。这项调查的结果是学生在所有的课程目标的自我评定均值上都有提升，从而说明对这门课程实施成果导向教育是成功的。但是，这项调查是有漏洞的：第一，在传统教学方法下，学生也有可能实现课程目标；第二，调查结果是来自学生的自我评判，这就不够客观。我们可以借鉴此类研究，在国内高职学校进行类似探索。把同一批学生分为两组进行比较，两组学生程度差不多，分别用传统教育模式和成果导向教育模式教授同一门课程，参照国内外有些院校按照成果导向教育理念修改课程之后的跟踪效果的办法，一段时间后，由教师和学生共同对学习结果进行评定，从而判定成果导向教育是否能给高职学校的学生带来实质性的进步。根据教学效果，对教学方式予以及时跟进和更正，促进教育方式的不断完善。

（二）精选教学内容

英语的听、说、读、写的能力可以和很多英文内容、教学教材结合起来。在

教学内容的选择上，除了可以选择与学生专业相关的内容外，还可以选择与文化、思政等相关的材料，给学生以潜移默化的影响。教师可以通过观察学生在课堂上的英文讨论或者书面表达的内容来评判学生掌握英文、拓宽视野和情感态度等方面的成果。

（三）分层教学，有效输入，实时输出

有相当一部分的高职学生对英语学习的兴趣不高，基础不太扎实，比较缺乏独立学习、自我监督的能力。但倘若因此放弃把学习主动权还给学生的机会，继续"以内容为基础""以教师为中心""以输入为驱动"，把学生变成课堂上的被动参与者，高职教育则会陷入恶性循环。因此，教师们还是应该想方设法激发学生的学习热情，促进学生自主学习能力的提高。在高职院校，可以尝试或应用分层教学，对于基础不同的学生进行不同的目标分配，设定不同的内容难度，让学生们都能切身尝到成功的甜果。英语基础学习和应用学习必须两手抓，强调有效输入和实时输出。在课堂之余，通过成立兴趣小组、设立英语角、举办趣味英语竞赛等方法，激发学生学习英语的动力和兴趣。

（四）提高师生比例

加大教育投入，提高师生比例，让教师在每个学生身上投入的精力能相应增加。教师能够有精力细化教学方法，剔除教学效果不佳的方式，从而探索出有效的教学方案。同时，教师对学生进行个性化的评定也能更加容易进行。教师负担不会加重，学生也能得到更多的关注，取得进步。有了良好的学习成果，教师和学生都能有成就感，反过来促进教师的教学工作和学生学习的积极性，相得益彰。

（五）与实际应用相联系

高职英语教学应该是走出去，让英语教学与实践相结合。充分利用校企合作的平台，以及外国人居住较多的宾馆、酒店、社区、会展、国际机场、旅游地、外贸部门等场所，鼓励学生充当志愿者或参加实习，从而锻炼学生们的英文应用能力，从实际应用中来培养学生们对英语学习的兴趣和提升他们的英语应用能力。一些院校还可以充分利用外教资源，尤其是中外合作办学的院校，有较强的外教师资，可以鼓励外教们参与学生的英语学习和英语活动。增加学生与外教的互动机会，无疑会对学生学习英语起潜移默化的作用。

总而言之，从高等职业教育的本质以及相关的国家政策来看，成果导向理念适应高职教育的发展。从高等职业院校和成果导向教育理念的特性来看，二者也存在明显的矛盾点。为了更好地适用成果导向教育融入高职英语课堂教改中，应对该理念进行更多的实证研究；通过分层教学、多样的课外活动来提高学生英语学习的主动性；提高师生比例，促进师生更密切地交流；英文教学可以选择与专业、思政等相关的教学内容相结合；创造条件，给予学生运用英语的实践锻炼机会。

成果导向教育对大众似乎有着本能的吸引力——它可以改变传统教育，培养一代代社会需要的毕业生，进而降低失业率，促进经济发展。这个逻辑听着很合理，但是作为舶来品，各个院校、各个专业还是应该要根据自己的实际情况，对成果导向教育模式进行调整、完善，使其在教育中发挥真正的作用。

第二节 产出导向理念

在我国人才培养中，英语不仅是一门基础课程，更是高职学生重要的职业发展工具。教师作为教学活动中的重要一环，如何通过精心设置课堂目标、有计划开展任务教学来引导学生完成交际任务、掌握知识和技能，成为探索"本土化"的高职英语教育教学重点关心的问题。在此背景下，文秋芳教授以毛泽东《实践论》《矛盾论》的思想精髓为哲学依托，从中国传统教育著作阐述的教与学辩证关系中汲取营养，融合西方经典课程论和二语习得的一系列成果，经过潜心研究与反复实践，最终构建了产出导向理论体系。

一、产出导向理念概述

（一）基本内涵

产出导向理论也被称为 POA 理论，主要构成部分包括教学理念、教学假设与具体教学流程。其中教学理念为教学假设与教学流程的顺利进行提供了重要理论指导，教学理念的实现以及教学假设的检验均需要通过教学流程进行实践。在产出导向理论的教学流程中，涉及三大关键环节，分别为驱动、促成以及评价环节。驱动环节中要求教师切实依照学生实际与具体教学内容，合理设计相应的教学任务、交际场景等,以激发学生学习兴趣为主要目的。在促成环节中,教师则需要主动为学生提供相应的输入材料,引导学生根据任务内容自主选择材料并对其进行加工处理,获得其中的关键信息要素,进而使得学生可以独立自主地完成任务。在最后的评价环节中,教师与学生需要相互配合,协同完成教学评价工作,包括对学生任务结果的评价、对整个教学过程中学生的学习表现的评价等。

(二)应用价值

将产出导向理论运用在高职英语课堂教学中,有助于充分点燃学生对英语学习的热情,提高其在课堂教学中的参与积极性。在产出导向理论中,教师通过结合具体学情,灵活组织学生参加包括小组讨论、角色扮演等在内的各种实践任务,不仅使得英语课堂教学形式丰富有趣,易于激发学生学习兴趣,同时也有利于学生在实践中顺利完成英语知识技能的学习与活用。不仅如此,在产出导向理论的高职英语教学课堂中,学生的主体性得到充分展现,其通过充分发挥自身主观能动性,根据教师布置的任务内容,自主完成任务场景、所需词汇语句等方面的设计与选择,独立完成教学任务。对于提高高职学生的英语综合应用能力,培育其形成良好英语核心素养也具有显著的促进作用,有助于高职学生在英语学习中实现全面发展。

(三)理论构成

产出导向理论由"教学理念""教学假设"和"教学流程"三部分构成。其中,"教学理念"为指导思想,掌控着教学的总体方向及目标;"教学假设"是教学环节及任务制定的理论基础;"教学流程"是教学理论和教学假设的载体,也是实现产出导向的步骤和手段。

1. 教学理念

产出导向理论的教学理念包含以下三个学说。

第一,"学习中心说"。该学说主张教师应关注学生的有效学习,课堂上的一切活动都应该为学生的有效学习服务。

第二,"学用一体说"。"学"指输入性学习,包括"听"和"读","用"指输出,包括说、写与口笔译。针对学用分离现象,该假设主张学用有机融合,即将输入性学习和输出性应用紧密联系在一起,不延迟,不脱节。

第三，"全人教育说"。产出导向理论认为语言教育要为人的全面发展服务，英语教育在提高学生英语综合运用能力的同时，也要达成培养学生协助能力、思辨能力、自主学习能力等人文性目标。

2. 教学假设

产出导向理论的教学假设包括以下四个部分。

（1）输出驱动假设

产出既是学习的驱动力，也是学习目标。教学设计应以产出任务为首要环节，使学生在初步达成任务的尝试中，意识到产出任务对提高专业能力素养的价值及现有知识能力的欠缺，从而更积极主动地选取输入性资料进行学习，促进有效输出，形成"输出—输入—输出"的教学模式。

（2）输入促成假设

在输出驱动的条件下，教师应适时向学生提供输入性资料作为脚手架，做好知识引领，辅助学生达成产出目标。

（3）选择性学习假设

此假设提出要根据产出任务，从输入性材料中选取合适的材料进行深度学习及解读加工。英语课堂时间有限，以往不加选择地要求学生掌握全部语料的"精读"模式已不适用，随着知识获取渠道的丰富，大量语料需要在产出任务的驱动下寻找合适的输入材料，达成有效产出。

（4）以评促学假设

该假设主张在教师引领下学评结合，通过"师生合作评价"将评价作为学习的强化阶段，用"评"增强教学的有效输出。

3. 教学流程

产出导向理论的教学流程主要包括三个阶段：驱动、促成和评价。具体来说，即为输出驱动、输入促成和师生合作评价，三者相互联系，且每个教学单元都含有此三个阶段的若干循环。教师作为主导，在每个阶段均要发挥好引领、设计和支架作用。

（1）驱动

与传统教学不同，产出导向理论将"驱动"作为单元教学起点，教师通过呈现实际的交际场景，使学生意识到此种情境和问题是将来的交际环境中可能会碰到的，且对其现有认知是具有挑战性的，从而刺激学生产生学习欲望。此后教师趁热打铁说明教学目标和产出任务,使学生明确交际目标和语言目标,并根据交际目标在"选择性学习"的教学假设指导下,有选择、有目的地输入语言材料。"驱动"环节对教师也提出了更高的要求,要求教师不能再以课文为中心,而要根据不同的产出目标设计多种场景,以调动学生的学习欲望,这也是产出导向体系中最具创新性的一点。

(2)促成

"促成"包含三个主要环节。第一个环节为教师描述产出任务,阐明具体步骤和要求,使学生心中有数。第二个环节为在教师指导下,学生进行选择性学习。教师应协助学生从输入材料中选取与产出任务相关的内容、语言形式等进行学习,并对学生选取的材料做出检查,了解学生进行"选择性学习"的水平差异。此环节以输入有效材料为起点,若忽略此环节,则会导致产出任务没有输入材料的支撑帮助,使学生在调动现有知识体系的时候出现某些方面的空白,从而很难成功组织有效的产出。第三个环节是"产出练习与检查"。教师要指导学生产出练习,并在练习结束后即时评估,以便掌握学生产出能力及效果。在促成环节中,教师尤其要恰当发挥自己脚手架的作用,根据学生的学习特点,适当有度地提供输入材料,如在刚开始学生还未熟悉教学理念、流程的情况下,教师可多准备输入材料,更多承担脚手架的功能,一旦学生熟悉如何从输入材料中提取有效材料为产出服务后,教师可鼓励学生自己寻找合适的材料对教材加以补充。

(3)评价

教学流程中的评价分为即时评价和延时评价两种。在"促成"环节中,教师对学生选择性学习和产出任务练习效果的评价,为即时评价,它能帮助教师了解学生对知识的掌握程度,适当调节教学进度。延时评价指的是在教师课上指导的基础上,学生将课外练习成果提交给教师评价。

(四)应用原则

1.灵活性原则

在高职英语教学过程中,教师要具备较强的专业化教学能力和随机应变的教学灵活性,可以根据学生的实际学习情况和对英语知识的接受程度及时调整教学方式和内容,避免出现统一化或者按部就班的单一教学,影响产出导向理论教学的效果。另外,教师在教学时还要注重教学反思,针对导向理论运用的针对性和实效性制定教学策略，在遵循高职英语学科教学特点的基础之上，最大限度地发挥出产出导向理论的实际作用和教学优势。

2. 趣味性原则

作为高职英语教师，在教学中实践产出导向理论时要注重体现课堂教学的趣味性，以提升学生的兴趣和自觉学习意识为核心，创设趣味、轻松的教学环境和氛围，让学生始终保持学习英语的热情和积极性。通过科学的设计，将产出导向理论和教学内容相融合，提升学生的主观能动性。另外，教师还要在课堂教学中，给学生适当的自主发挥空间，让学生可以有主观上的充分理解和充分表达，不过多地对学生进行限制，积极鼓励和引导学生说出自己的想法，提出自己的学习问题，提升学生在英语课堂教学中的参与感和参与率，强化学生学习英语的信心，为产出导向理论在高职英语教学中的全面应用打下坚实的基础。

二、产出导向理念融于高职英语金课的优势与方法

（一）产出导向理念融于高职英语金课的优势

高职院校的英语金课教学是高阶性、创新性的主要体现，具有一定的挑战性，产出导向理论的教学理念是将金课落实在实践中的主要渠道，其中的学习一体说、学习中心说和全人教育说是金课践行的普遍化标准。

1. 学习中心说有利于实现金课的挑战度

教学的本质就是要构建以学习为中心的理论化活动。学习的重点在于有效改变教师教学观以及教学方法，探究多样性的教学手段、活动，让学生的学习兴趣可以被激发起来，重视学生参与，促使学生可以有效地内化英语知识，以此实现学生学习和教师教学的双重挑战度。

2. 学用一体说有助于实现金课的创新性

学用一体说主要体现教学的创新性，避免了唯教材主义教学和文本至上的极端化教学理念和教学行为，将教材和文本作为教学的主要辅助工具，并非教学目标。所谓学用一体性，指的是英语学习过程中，将输入以及输出性学习有机结合，有效达到教学输出的目的。作为教师，需要结合实际，为学生布置一些任务，帮助他们明确学习的目标和路径，了解学生存在的不足，允许学生间的差异，让他们有效提升学习主动性，开展有效输入学习以及知识练习，补充学习的薄弱点，

做好反思与提升，最终完成教学活动。因此，在具体的英语教学实践过程中，学用一体说是最符合现代教学观念的形式，将产出任务和高职教学的技术专业相结合，让输入性学习在范围上有所突破，不单以教材为主，而是以多元化和多渠道的产出任务为主，在其实践背景下，有效把教学任务及内容、市场导向动态连接在一起，突出教学的创新原则。

3. 全人教育说有利于实现金课高阶发展

全人教育说主要是为实现学生教学的全面发展而衍生的教学理念。高职英语教学对学生来讲是公共化的基础课程，在教学方面不仅要体现出外语教育的工具性和运用性，还要保障英语教学的人文性，贯彻落实当前的素质教育理念，迎合现阶段社会发展对学生人文素养的培养需要，侧面彰显课程思政概念化教学。良好的英语教学是帮助学生更好地认知世界的工具和媒介，同时是构建学生全面发展的主要方式。教师在教学实践中，要深入教材，不断地选择和对比英语教学素材，为学生呈现不同角度的英语教学，有效帮助学生掌握知识的同时，学会多角度分析、解决问题。

另外，英语教师还可以将英语教学和我国的文化知识相结合，体现不同的教学理念，弘扬我国的优秀文化，强化学生的文化自信。全人教育说既要求学生掌握充足的英语知识，运用好英语这一语言，还要求对学生渗透思政教育和素质教育，构建正确的教学观，促进金课高阶发展。

（二）产出导向理念融于高职英语金课的方法

1. 产出任务设计

该阶段在英语教学中占据主要地位，是教学不可缺少的重要环节。因为，产出的任务设计即为教学的起点和主要动力，同时任务设计又是教学的最终目的，所以，英语教师在设计教学产出任务时要牢牢抓住学生的专业化特点和个性化的学习需要。

2. 教学过程

（1）驱动

驱动阶段是以教师为主导，为学生构建一个实际化或者生活化的英语教学情境，在情境中为学生设置一定的任务，有目的、有意识地教学，让学生尝试着完成任务，在任务的挑战中意识到本身的不足来有效提高自己，产生愿意学习的动力和想法。教师要为学生说明本次教学的目的，将教学目标转变为实际的目标，完成所要学习的英语语言知识，通过语言的目标呈现检验学生对英语知识的理解和运用。

（2）促成

在这一阶段，教师要以提升学生的输入性学习为核心，让学生进行英语知识的练习产出，同时需要把输入跟输出性学习之间的差距不断缩小，通过整体的输出任务解锁成几个小任务，采用此方式引导学生循序渐进、阶梯式地学习，要求学生以子任务为基本的出发点，完成总体任务。

（3）评价

在评价这一环节上，教师需要突出评价的细致和全面性，把即时评价以及延时评价有机结合，形成过程性评价与总结性评价，突出评价的合理性及科学性。教师需要对学生输入性学习时的表现留有一定印象，把指派任务以及输出性任务作为整体，开展综合性的即时评价。之后是对指派任务以及输出任务的延时性评价，是在学生整体实践全部结束的情况下产生的，保障学生对知识的内化和吸收。大部分的延时评价都是在课后以视频的形式提交的，因为课堂的时间有限。同时在评价环节，教师还可以针对子任务和产出任务的完成效果和完成度，让学生进行互评，或者自我评价，以教师的对照评分为评价标准，实现正规、客观的评价。

打造金课是高职教学迎合时代教育和国家高等教育的主要方式之一，同时也是现代化新课程教学的必然发展趋势，其主要目的在于让高职英语教学回归到课程教学和课堂教学的本质中，打造富有挑战性的课堂，为学生的全面发展和综合能力提升创造便利和辅助性条件。

第三节　三全育人理念

一、三全育人理念概述

（一）"三全育人"的基本内涵

1. 全员育人模式

全员育人，顾名思义就是注重育人主体。在基于立德树人的教育过程中，高职教师要坚持"培养人"的教育出发点，注重有效整合教学资源，尊重学生主体作用，促使学生自主、自觉参与进育人体系构建中，从而帮助学生形成正确的定位，发挥学生的主人翁精神。教师在这个过程中需要积极改变传统管理模式，在学生会、班委管理之余，更注重学生的自我管理，将班级学生纳入班级管理中来。教师应该结合学生的学习特点和已有的学习生活经验，不断践行"高职精神"，给予学生更加广阔的平台和更加多元的发展机会。教师要落实自身教书育人职责，努力推进教学科研、管理服务和思想政治教育的高效系统教学模式，打通育人格局，实现真正的全面参与和全员管理。

2. 全程育人模式

全程育人模式更加注重育人过程。在育人过程中，教师应该将思想政治教育或德育教育贯穿于高职教学的全过程中，从学生学习、生活和成长的各个方面渗透思想教育，促使学生形成正确的价值观念和思想态度，促进学生的健康全面发展。高职的学生具有较大的个体差异性，因此，教师应该更加突出育人的阶段性、连续性和针对性，规划不同教育阶段的教育目标、教学方法、教学手段和教学重难点等内容。针对一年级学生，教师要加强对学生理想信念和价值观等基础内容的思想教育，促使学生形成正确的职业生涯理念，树立明确的学习目标。针对二年级学生，教师要注重对学生专业知识和专业实践能力的培养，促使学生用知识武装头脑，并运用知识解决实际生活和实习工作中的问题，形成明晰的职业生涯规划。

3. 全方位育人模式

全方位育人要求要建构"四位一体"育人网络，并培育"四素质人才"。全方位育人要求高职教育应该在发挥学校教育作用的同时，实现学校与家庭、社会和用人单位的合作教育，有效整合资源，充分发挥其他教育主体的积极性和教育价值，提升教学效率。基于社会发展对学生的要求，教师要重视对学生思想素质、人文素质、职业素质和心理素质的教育，把学生培养成有理想、有道德、有文化、有纪律的"四有青年"，促使学生成为优秀的社会主义建设者和合格的共产主义接班人。

（二）"三全育人"三个要素之间的关系

"三全育人"三个要素之间是相互联系、相辅相成的，三个要素缺一不可。

如果将"三全育人"比作一个三维坐标,那么"全员育人是这个坐标体系里的立坐标,它规定了育人主体;全程育人则是'三全育人'这个系统的纵坐标,它规定了育人的时间范围;而全方位育人则是'三全育人'系统的横坐标,对育人空间范围进行具体全面地展开"。三个要素构成了一个完整的模式,缺少任何一个要素,这个完整系统都无法形成。

"三全育人"三个要素各有侧重。其一,全员育人规定了育人主体。高职院校要形成教育、服务、管理、科研全员化的工作队伍,调动育人主体积极性,实现人人育人。其二,全程育人规定了育人的时间维度和发展维度。从育人时间上来说,从学生入校到学生毕业,育人要体现在学生在校的各个环节。同时,全程育人着眼学生的身心发展规律,在学生成长的不同阶段给予他们不同的关怀和帮助。其三,全方位育人规定了育人的空间维度和目标维度,培养全面发展的人是其最终目标。

二、三全育人理念融于高职英语教学的方法

(一)优化队伍结构,实现全员育人

纵观我国高职英语教师队伍,目前其队伍结构仍存在一些问题,专业能力、管理制度等方面的缺失使得部分学生的核心素养、综合能力发展受阻。在此背景下,教师要充分利用现有的教学资源,转变教学工作出现的窘境,推动高职教育体制完善。

从学校视角来看,首先应重视高职教师职业道德素养,可以利用信息技术搭建网络交流平台,将该地区高职院校进行有效对接,并开展多种形式的线上线下学习交流会,实现资源共享。不仅如此,高职院校还可以通过校企合作定期聘请企业专家教师到校进行合作交流,为教师传授当今最新的教育理念及教学手段,有效提升教师专业能力。与此同时,高职院校还要借助校企深度合作的优势,共同设立监管小组,对教师的日常工作、教学、备课等方面进行综合考查,并采用小组合作、集体备课等工作形式全面调动教师的工作积极性。

此外,还可以完善相应的激励政策,通过多元化的工作形式与备课活动,为实现全员育人奠定良好基础。高职英语教师要积极参加各个专业考试和技能培训,努力提升自身专业能力;充分利用一切教学资源,调整队伍结构,形成结对工作、共同学习的工作结构,注重自身专业能力的提升。

（二）完善课堂评价，实现全程育人

课堂评价作为高职英语教学中的重要组成部分，对学生专业能力、核心素养的培育有着举足轻重的作用，而这在一定程度上也能体现出"三全育人"教育理念的实施成效。在新的时代背景下，高职英语教师要立足于时代发展，通过对学生能力、品德的综合探究，制定多种形式的评价制度，帮助学生有效地提高自身专业素养，从而提高课堂教学成效。

首先，教师可以在考核评价体系中加入文明礼仪、工匠精神、职业理念等考核因素，在考查学生知识与技能掌握的同时，使整体的考核分数充分体现学生道德修养、职业素养等政治方面的评价。

其次，课堂评价要具有实时性，教师可以利用微课、慕课等网络技术，将课堂评价融入课前预习、复习等环节。学生在学习完毕后，教师可以根据教学内容设置多种形式的评价方式，帮助学生总结现阶段学习存在的问题。在此过程中，教师还可以加入教育软件构建混合式评价体系，对学生学习情况进行综合考查、评定，并依托人工智能辅助技术将学习能力相仿的学生进行整合，对其制订专属学习方案，在日后学习过程中，教师还要定期对学生之前学习的知识进行复查，及时更新评价建议。不仅如此，学生也可以随时随地登录进行查看，并依托网络后台数据分析系统进行学习方案的调整，促进自身综合能力的提升，为日后深入学习打下良好基础。

再次，教师评价还要针对学生对专业知识的获得以及折射出来的品质进行评价，并重视学生的实际应用能力，不再以以往的"学生课堂表现＋考勤＋期末考试成绩"进行单一评价，而是更重视学生的整体素养，切实实现对学生的全方位评价，促进学生的整体发展。

最后，还要形成多元化的评价体系。在评价体系中融合教师评价、企业指导教师评价以及生生互评等多种形式。校企合作教师以及专家着重从学生的职业礼仪、对待实际操作态度以及职业素养进行评价。构建全方位测评的指导模式有利于学生的整体发展，在提升其知识与技能掌握的同时，促进其思想和认知的发展，这也与新型教育理念相吻合，利于高素质技能型人才的培养。

（三）革新教学方式，实现全方位育人

随着教育体系的不断优化，高职英语教师教学工作发生了根本性变化。传统的教学模式已经无法适应当代社会发展需求。对此，高职英语教师要立足于学生

发展，将"三全育人"与课程体系有机结合，结合现阶段学生的学习情况，制定多种形式的教学模式，将这一理念贯穿于整个教学环节，帮助学生树立正确的道德导向标。

首先，"立德树人"是习近平总书记关于教育重要论述的核心内容，高校要形成各类课程与思政课共同指导、协同育人的良好局面，发挥更好的协同效应。为充分落实"三全育人"制度，使学生在学习理论知识的过程中能够形成正确的价值理念以及严谨的学习态度，实现学生综合能力的发展，应充分将精神引领与高职英语教学进行融合，使两者相互作用、协调，从信念理念、文化传承、现代工匠精神等角度对学生的价值观进行引导，使学生进一步发展为高素质、高技能的实用性人才。这样做也有益于学生日后参与工作，提升自身的竞争力。

不仅如此，教师在开展教学工作时还要注重方式的选择，信息技术的出现为教师教学工作提供了新的思路。教师要勇于创新，积极采用在线课程或人工智能辅助的智慧课堂等教学方式创新课堂教学；充分发挥高职教育校企合作特色，邀请企业专家进课堂，以丰富教学形式。

其次，教师在开展教学工作时还要注重方式的选取，结合高职学生现阶段综合能力，采用小组合作、分层教学等教学理念，充分发挥"先进分子"的带头作用，依托分层学习目标，助力每一位学生健康成长。此外，教师还可以加以文化渗透，利用图片、影像等教学工具加强学生情感认知，促进其德育情感多元化发展。与此同时，英语教师在对英语重难点语法进行讲解时要将课堂主导权交还给学生，利用信息技术、翻转课堂等教学理念，全方位、多角度地对学生进行能力考查，以便调整日后课程体系，在完善学生英语知识框架的同时，将"三全育人"的教育方针扎根于英语课堂，促进其工作效能的提升。

第四节 立德树人理念

立德树人根本任务的提出，可以看出党中央优先发展教育的坚定决心，而将课程思政融入高职英语教学，能够抓住教育本质要求，亦是践行立德树人的重要体现。为丰富人才培养的深刻内涵，高职英语教师应该明确教育的根本使命，按照教育和人才培养规律来进行授课，巧妙融合英语课程与思政教育，着力提升德育工作实效，将高职学生发展从知识层面升华至生命层面，不断提高其综合素质能力，使之获得良好的英语思政教育，成为国家和民族需要的有用之才。

一、立德树人理念概述

（一）立德树人的概念

立德出自《左传》，立德树人从根本上讲就是对人的道德品质、知识素养的要求。立德在前，树人在后。品德修养是指个人的品行、道德。立德树人的"德"，应该是"大德、公德、私德"之总称，即理想信念、道德品质、法治素养三个方面，可以延伸为对国家的爱国情怀、对组织的集体意识，以及爱国情怀和集体意识是否根植于内心，是否融入自己的一言一行，是否能激励个人为了崇高的理想和信念而奋斗。

（二）立德树人理念的根本任务

立德树人理念的根本任务在不同的教育大会上曾多次被习近平总书记提及，充分彰显了党的十八大以来教育改革发展实践中形成的新理念、新思想、新观点。立德树人一经提出，获得了高职院校师生的广泛认同和热烈反响。落实立德树人理念的根本任务，需要贯彻党的教育方针、坚持德育为先、着眼学生全面发展、培育健全人格、塑造有用之才，方能培养出新时代社会发展所需之人。由此可见，高职英语教师应当明确立德树人根本任务的内涵，构建全方位育人主渠道，融合课程思政，寻找和发挥教育合力，引导高职学生树立正确思想、政治、道德观念，培养其成为新时代复合型人才，使之肩负起振兴中华、圆中国梦的重任，为新时代中国特色社会主义事业添砖加瓦。

二、立德树人理念融于高职英语教学的方法

（一）完善高职英语课程体系，做到英语思政融合

完善的英语课程体系是开展英语思政融合教学的重要基础，只有具备了完善的课程体系，教师才有时间安排合理的教学工作，让学生进行英语思政融合学习。学校必须根据实际教学情况以及学生个人能力对英语课时做出安排，确保在不影响英语正常教学的情况下，使学生有足够的时间兼顾思政课程。与此同时，教师

也要转变传统的教学观念，提高对英语思政融合教学的重视程度，让学生在学习中进行思政学习，确保学生可以学以致用。无论是学校、教师还是学生，都应该致力于搭建并遵守英语思政融合教学体系，以期取得良好的教学成果。

首先，学校在安排英语课时，除了要安排出学生学习课本知识的课时，也要根据实际情况，额外安排一些思政教育课时，让学生参与思政学习，做到英语思政融合教学，教师也可以将最终的学科考核划分为英语文化成绩和思政成绩两部分。比如，教师在结课时，除了要安排英语笔试，也要安排思政考试，教师可以设定一个课题，让学生完成，以此作为学生的英语成绩。教师可以将英语笔试成绩和思政成绩按比例进行分配，作为学生的最终成绩。无论是笔试还是思政考试，一旦有学生不合格，教师应该要求学生进行重修，直到课程合格为止。良好的教学体系是英语思政融合教学开展的重要基石，只有搭建了完善的体系，英语思政融合教学工作才能顺利开展。

（二）结合时事热点，深度挖掘高职英语教材

立德树人、教书育人的根本目的都是培养有道德情操、有品德修养的知识技能型人才，培养服务社会主义建设、实现中华民族伟大复兴的人才。而高职英语教学中的立德树人并不能直接在英语教材中体现，需要英语教师对使用的教材进行系统、细致的二次开发和深度挖掘。英语教师要结合时事热点，深入分析课文，找出立德树人的切入点。比如，《新航标职业英语》中的"Unit 6 Low-Carbon Life"，在讲解课文前，可以把坚持绿色发展，推动形成绿色发展的生活方式告诉学生，教授学生一些关于生态文明建设的中英文表达方式，比如，"生命共同体""国家生态安全""Lucid waters and lush mountains are invaluable assets""green, circular, and low-carbon development"等。让学生将它们翻译成英文或者中文，然后再告诉学生地道的英语表达方式，通过这种方法，既提高了学生的学习兴趣，同时也使学生了解了国家的时政热点，既培养了学生的独立思考能力，又拓宽了学生的视野，使学生自发地认同环境保护的重要性，达到立德树人的目的。

（三）结合教学实践，提升教师的综合素质

教师可以利用主流媒体的特色资源，比如，"学习强国"学习平台，配合高职公共英语教材使用，让学生观摩、学习、互动交流，提高学生的口语表达能力，

讲好中国故事，传播中国文化。同时，在教学中一定要克服"重智育、轻德育"现象，坚持德育为先。学生只有树立了远大的理想，才会激发自身的学习动力。教师要通过不断学习和积累，实现自我输入和输出，做到言传身教，通过不断地挖掘高职英语教学资源，主动研究教材，关注时事热点，搜寻并积累生活中的文化现象，并与西方文化进行对比分析，将立德树人教育理念贯穿于课堂教学的始终，对学生产生潜移默化的影响，培养德才兼备的知识技能型人才。

立德树人的意义在于为国家培养高技能人才的同时，培养学生的爱国主义情怀以及根植于内心的强国、报国的信念，并且让学生自觉地将这些信念融入实践生活中。教育学生认识文化差异，引导学生正确地看待不同的文化，在认同并传承中华优秀传统文化的同时，也认同中国特色社会主义文化，培养学生的文化自信心。同时加深学生对中华民族历史发展的认知，引发情感共鸣，增强学生对中华民族的认同感，培养民族自豪感，形成教书育人、以文化人的长效机制，为国家培养高素质人才。

第四章 高职英语教学方法的改革

高职英语教学方法是高职英语教育的关键，高职英语教学要不断改进、完善教学方法，营造适宜学生能力发展的教学条件和环境，提高学生英语语言综合运用能力，提高英语教学质量。本章分为全身反应法、逆向教学法、多媒体教学法、互动式教学法、启发式教学法、自主学习教学法、过程体裁教学法七个部分。

第一节 全身反应法

一、全身反应法概述

1966年，美国著名心理学教授詹姆士·阿歇尔在大量的实验研究后提出了一种新的教学方法——全身反应法（Total Physical Response，TPR），该方法是他通过观察美国移民儿童学习第二语言的过程后总结提出的，他还分析得到大部分学生学习第二语言的快速方法是先理解输入，然后再输出，并且模仿说话的动作，将语言与动作相结合。强调语言学习行为的协调，教师主要通过身体动作教授第二语言，对学生进行目标语的指令，学生用全身动作进行回应。阿歇尔注意到，父母和孩子之间的互动常常是父母先说话，然后孩子做出身体上的反应。他经过长期观察，提出了三个假设：第一，语言主要是通过听来学习的；第二，语言学习必须使用大脑的右半球；第三，学习语言不应该有压力。全身反应法根据大脑两半球的不同功能，右脑是形象思维，左脑是逻辑思维，强调要在形象思维的基础上进行抽象思维的发展，因此它强调要在真正的情境里进行教学。阿歇尔在此理论的基础上，提出假设：儿童是在右脑中完成对语言的理解。儿童在观察父母的行为后理解语言的意义，在这个过程中，左脑没有发挥表达功能，但是在长期时间的观察后，左脑开始慢慢感知处理右脑传输的形象思维信息，理解记忆语言知识，当学生对语言理解之后，学生就准备开始表达口语了。与之相反，如果首先进入左脑，学生还没有理解语言之前就让其输出表达，学生在这个时候还没有准备好的情况下，就开始强行说话，就会导致学生的记忆力下降，自信心减弱，学习会变得枯燥乏味，所以，阿歇尔提出要在形象思维的基础上进行抽象思维的发展。

全身反应法在人本主义心理学的基础上，根据学生心理发展规律，通过肢体语言展示外语知识，先让学生对语言有了初步的理解，再去运用语言，有助于培养学生的学习自信心。根据学语言本身的规律，从学生学语言的角度来看，首先是要学习听的能力，然后在这个基础上，逐步发展说的能力，再发展读和写的能力。全身反应法强调首先培养学生的听力输入，再要求口语输出，学生通过教师身体语言加强理解，教学强调学习内容而不是形式，创造轻松的学习氛围。全身反应法符合学生的心理特点，不断更新教学方法，创设不同类型的课堂活动，有效抓取学生的注意力。

全身反应法在教育教学活动中，可以通过动作和语言配合的方式，让学生了解语言的结构或英文单词的含义。一般教师会通过指令做出相关动作，在这种情况下，学生没有开口说话，只是跟着教师去做这些动作；或者教师在发号施令的情况下，通过语言的输出，让学生将英文单词和动作结合起来。

阿歇尔对于全身反应法进行总结时，提出以下观点：首先，在说话时应该选择更能够被理解的口语；其次，所有的内容都可通过动作的方式来表达；最后，在所有的动作中，要让学生自然而然地表达，不能强迫学生。通过他提出的这个方法可以看到，听力和说话之间存在必然的联系。所以，学生通过身体的方式做出相关反应的情况下，可以帮助他们更深入地了解知识，还能理解目标语言的实际意义。从这一方面来看，这种方式是身体动作和语言之间结合的有效方法，也能够让学生在观察或模仿的过程中，实现语言自然而然的输出，因此对英语的学习至关重要，也能让学生在更加轻松愉悦的环境当中学习第二语言。

全身反应法最重要的就是能够使语言和行为融为一体，也就是在添加动作的情况下，让学生在模仿的过程中将动作和语言联系起来。这种方式是依照左脑和右脑所展现的功能来设计的教学方法。通常人的右脑更具备形象化的思维，但左脑更重视逻辑思维。所以，将这两项思维融为一体，在不断强化的过程中，可以提高学生的整体能力。在学习英语的过程当中学生要更加重视理解，所以要让他们尽可能地多听、多去理解学到的各项内容，可以从理解的基础上实现口头的输出，让他们自然而然地学会如何说出英语，这样学生才可以不紧张，很自然地用语言表达自己。全身反应法使用的标准在于学生能够了解母语学习的模式，所以他们在进行第二语言学习时，了解了其中内涵，就能更自然地开口说话。通过分析语言本身所存在的各项规律，然后学会如何倾听，进一步将这种能力转化为口述和书写能力。所以学习并不仅仅是学，而是要让学生在学习中学会如何锻炼自身的技能，学会在学习中适应并克服相关抵抗心理情绪，更加要在学习的顺序当中，加深对于语言含义的理解。教师不能强行施加学生语言输出的硬性要求，而是要使学生学会聆听，激发学生对于语言的听力及理解能力。

全身反应教学法对于学生的听力和理解更加注重。首先就是对于学生聆听和理解能力的培养，其次才要求学生使用口语阐明描述其含义。学生应当通过语言描述及相关肢体动作来提高自身对于语言的理解能力。这一类的身体动作指令由教师发出及控制。学生接收到指令后，再做出相对应动作，从而使自身去感受、理解、掌握、运用语言。教师应当允许和鼓励学生课堂发言，不得逼迫、强制学生进行发言。

教师应当注重教学的意义，而不单单是一种形式，这样不仅可以降低学生的紧张情绪，也有利于学生去感受教学的氛围。就学习知识和掌握知识的渠道方法而论，每个学生都有不同的优点和缺点。例如，在接收外界消息方面，有部分学生擅长用听觉去了解，这样对于他们而言学习效果较好，能够做到一听就懂。有部分学生的视觉更加灵敏，大部分事件和看过的知识点能够过目不忘。在表述观点方面，也同样存在各式各样的差异。所以，全身反应教学法侧重于刺激包括听觉、视觉、触觉在内的多种感官在学习中发挥的作用。此外，全身反应教学法对于英语教学也会产生很大的帮助，这种方法可以调动学生学习英语的积极性。如果再加以配合适当的阅读训练，能够使学生们学习英语的兴趣和其英语水平得到较大提升。

全身反应教学法中提到：学习一门语言不应当只是单纯的会读、会说，而是需要把教师发出的指令，经过相对应肢体动作和语言的结合后，充分理解体会语言所表达的含义，再进行相应的反馈。所以，教师对于语言知识的传授，应当将重点放在学生对于语言词汇理解的基础上进行，其教学过程不可颠倒。从教师发出指令，到学生对于指令的接收。这其中还有很多的阶段。例如，认知理解语言的含义、肢体语言的解读理解、语言及对应动作相结合的过程。在教授语言含义及理解运用的过程中，教师注重动作对语言含义的阐释，学生思考动作内容和语言含义。教授语言的形式有很多种，而全身反应教学法是一种能够令学生愉快接受，且无抵抗心理的教学方式，教师应保持与学生之间良好的沟通环境，减轻学习对于学生的心理压力，寓教于乐。

二、全身反应法教学原则

全身反应法更加重视语言和行为之间的关联性，也就是让学生在身体动作与语言相结合的基础上，学会语言所具备的内涵。这种方式是大脑在看到动作之后的有效反应，也能在形象的基础上实现抽象思维的不断发展。阿歇尔教授指出，人的右脑是不具有言语功能性的，但是能够接受其外来指令，并做出相应的肢体动作来表达自己的看法。让语言从右脑输入并做出身体回应，接受人会完全明白所要表达的含义，内化的过程中了解句子的意象形态及其构成部分，这样才能够更好地用自己的口语或肢体表达出来，使其他人听得懂、看得懂，了解到所要表达的含义。全身反应教学法的基本应用原则如下。

（一）"先听后说"的原则

英语学习者的口语能力得到有效训练是英语教学总目标，然而实现总目标前必须结合全身动作进行听力训练，引导学生提升对英语的理解能力。学生在充分理解表达内容的基础上，最后进行说的训练。全身反应法是以"听、学、做"为教学核心的。在整个学习过程中，教师发出指令时，首先需要自身完成该指令动作，使得学习者了解其含义后再做出相对应的事情。最开始，教师是自身做动作，学习者是效仿其动作，学习者能够将指令与他人所希望的行为动作相关联时，就可以毫无误差地完成该有的肢体动作，直至可以将其含义用口语表达。

（二）"学生为中心"的原则

首先要尊重学生的表达意愿，在学生不愿开口的时候不做强制要求。教师要引导激发学习者学习英语的需求，当其具有这方面需求时，再对其进行培养，学习说话，这种训练也是向学习者发出指令的开端。

（三）趣味性原则

教师应采取宽容的教学态度，降低学习者在学习过程存在的焦虑感，降低他们的心理压力，帮助学习者获得学习成就感。采取游戏、设置情境等方式进行教学，增加课堂的趣味性，营造一种良好的学习氛围。同时，该教学法强调鼓励，允许学生犯错。以往教学过程中，严谨教学、知错必改是重点，而全身反应教学法所提倡的观念为"纠错讲法"，也就是发现错误指出毛病时要讲究方法，应以鼓励为主，尽量减少学生因为恐惧出错而不敢开口的心理反应。

三、全身反应法教学模式及教学步骤

（一）全身反应法教学模式

全身反应法在教学中可以通过身体动作、创设情境和游戏辅助的模式提高学生学习的积极性。

1. 身体动作教学

全身反应法将肢体动作与语言学习相联系，在教学过程中通过肢体动作直观地向学生展示语言知识，使学生初步感知即将要学习的语言内容。全身反应法具有直观性的特点，在第二语言学习的初级阶段比较实用。在进行第二语言教学时，教师将身体动作和语言指令进行结合，有助于学生更好地理解所学知识，并且将学到的知识运用到实际生活中。另外，教师通过身体动作教学能够提高与学生的互动性，营造出更加和谐的学习氛围，有助于拉近教师与学生之间的关系。

2. 创设情境教学

对学习者的语言交际能力进行培养是第二语言教学的关键目标。在教学过程中，创设与生活息息相关的、有趣生动的情境，能够将学习者置于具体熟悉的情境中，把知识具体化，使学习者更容易理解与习得。实际上有很多方式可以在教学中创设情境，例如可以借助多媒体、展示模具以及实物等。教师在实际教学中可以结合教学内容，选择相应的辅助手段结合全身反应法实施教学活动。例如，教师在向学习者传授动物、人名等词汇时，仅仅依靠动作展示和语言解释，学习者是比较难以理解的，如果在教授时用多媒体进行视频或者图片展示，则可以为学习者更加直观地展示出词汇的含义，学习者也能够更好地理解。教师在进行人称、天气类词汇教学时，实物以及图片展示是最直观的教学方式，不仅与实际生活更加贴切，而且还能提高学习者的关注度，获得预期的教学效果。

3. 游戏辅助教学

在进行英语教学时，全身反应法可以充分与游戏活动进行结合。教师在使用全身反应法教学时，引导学生做动作，通过动作学习，学习者可以深入感知和理解所学知识。所以教师在进行教学时，可以根据教学内容编制成一系列的动作或口令，然后将这些动作和口令变成具有趣味性的游戏，以此来增加教学内容的乐趣，提高学习者的注意力，引导学生在游戏过程中完成知识的学习。教师通过在课堂中融入游戏，学生在玩游戏的过程中便掌握了所学知识，还能鼓励更多的学生参与到游戏中，掌握所学知识，进而使教学目标得以实现。因此全身反应法与游戏法相结合进行英语教学可以增强学生的学习动机，提高他们的学习兴趣。

（二）全身反应法教学步骤

①教师说出指令并演示动作，学生倾听和观察。

②教师说出指令并演示动作，然后让学生跟随。

③教师在没有演示动作的情况下说出指令，请学生按照教师的指示做。

④教师在没有演示动作的情况下说出指令，要求学生重复指令并完成动作。

⑤教师与学生一起完成某个学生说出的指令。

在使用全身反应法的教学过程中，可以借助多媒体、音频、游戏、设置情境等多种手段进行教学，一方面可以了解学生对生词的理解程度和认读水平，检验学习效果；另一方面可以增加师生之间与生生之间的互动，拉近彼此的距离，减轻学习压力，增添课堂趣味。

四、全身反应法对高职英语教学的启示

教师在运用全身反应法教学英语的实践时，不会太刻意地去纠正学生的错误，全身反应教学课堂没有及时纠正学生的错误，这样便会导致学生对自己所犯的错误并不知情，造成学生对知识的误解。因此，在全身反应教学课堂后，教师可以单独给学生讲解课上所犯的知识错误，也不会打击学生的学习积极性。在全身反应法教学课堂中，教师需要注意掌控课堂活动的时间，平均分配各个教学环节的时间，以免造成课堂时间延时的情况，及时管控课堂的纪律氛围，让学生在参与游戏活动的过程时也要注意记忆，不能只是单纯参与游戏，需要学生带着学习任务参与活动。最好的学习源于生活，建议英语教师在使用全身反应法教学时，尽量选择一些与同学们的生活息息相关的英语，或者是同学们感兴趣的话题，避免太多具有抽象意义的词汇，同学们在学习英语词汇的时候才会觉得更有趣味性，而且也能增长学生的见识。这样既可以提高高职学生的英语学习，也能增加他们对英语学习的热情，这样英语教师才能将全身反应法更有效地运用到英语教学的实践中去。

（一）突破局限——扩大教法范围

全身反应法运用到高职英语教学活动中，可以达到一定的效果。但当教学内容涉及的层次更深、更加抽象化时，这种方法就达不到预期的效果。尽管这种方法并不是万能的，但英语很多内容都可以利用这种方法实现。所以教师在备课时，需要引导学生对内容了解得更加透彻，才能在学习过程中达到更好的效果。以词

汇教学为例，英语单词作为英语学习的核心部分，如果没有一定的词汇量，习得英语知识点是有一定难度的，所以学习词汇是学习英语的基础。由于选择全身反应法的教学方式可以让整个教学课堂以及活动开展得更加生动有趣，那么在教授新词时可参照以下两种方式：第一种教学活动是趣味发音。学生在学习词汇的过程中，教师应当突破传统的跟读训练，可以通过手势指示的方式，配合一些趣味的读音要求来操练学生的输出，这种方法可以让学生的注意力不会出现分散的现象；第二种是可以通过巧记动作的游戏来训练单词的口语输出。在学习新单词时，教师可以设置类似"你画我猜"的游戏来进行训练，让学生们在动作和情境中对单词的含义了解得更加清楚，而且还可以使整个课堂妙趣横生。

全身反应法虽然活跃了课堂气氛，但这种新颖的教学方式并未得到更多教师的认可。因此，为了让学生们在活跃轻松的氛围内学好第二语言，教师要实现传统教学法和全身反应法这两者之间的有效融合，寻找融合的临界点，从而使英语课堂达到更好的效果。

（二）创新探索——归纳研究记录

全身反应法教学活动及使用的方式较为多样化，所有的细节方面的变化都有可能会出现不同程度的影响，所以在这种方式实际使用的过程中，要更加重视使用方式的应用，不能让学生产生厌倦的感觉，可以时常给学生带来新鲜感，否则学生对学习就会失去兴趣。尤其对高职学生来说，他们对周围的事物充满好奇心，所以要勇敢地进行全身反应教学法的探索。对于日常教学过程当中遇到的各种细节问题，需要不断地总结分析，在教学活动中，何种教学方式可以实际使用，这些都能在与单词匹配的基础上得到更好的答案。很多内容在使用之后容易被学生遗忘，所以教师可以再借鉴其他人所总结出来的相关教育教学经验后，在课堂中做到"温故而知新"，通过不断地强化，达到更好的效果，使得教育教学的实践更能影响学生的思维方式。

然而我们需要充分关注的是，并不是所有的教学内容的设计都能符合当下的新颖的教学方式。在全身反应教学活动中，还要重视高职学生的意见，让学生能够出谋划策，可以让整个课堂设计更加形象，学生在这种参与的过程中，会更为积极主动，也能提高他们对英语方面学习的自信心。所以从创新的角度入手，需要重视可能会产生创新效果的临界点，而且也要对这些内容进行总结和归纳。

（三）及时鼓励——丰富评价语言

在英语课程当中，教师起到主要的引导效果，要对高职学生所表达出来的行为有及时的跟进评价，给予多样化的反馈，学生在接受及时的鼓励和评价后，会更加积极主动地融入课堂活动中。因而在高职英语教学中，教师可以通过采取多样以及积极的评价方式来提高学生的自信心，让学生更加主动地融入英语学习中。教师需要通过多种方法鼓励学生不断学习，才能使语言的学习更加多样化和深度发展。教师要时刻关注学生的学习状态与学习中遇到的困惑，及时帮助学生解决问题，多鼓励学生，激发其对英语的兴趣，帮助学生树立对于学习英语的自信心。比如教师可以表扬学生的语音语调、表扬他的口语表现力、表扬他的动作等。教师的肯定对于学生来说是十分有帮助的，他们会更加积极地表现自己以获得更多的表扬与赞美，在这种外部动机的刺激下，学生会更愿意学习英语。

（四）因材施教——训练方式多样

教师要灵活运用全身反应法，不可生搬硬套。在教学过程中，全身反应法存在多种操练形式，如表演、游戏以及对话等，但是要合理使用这些形式，避免生搬硬套。如果学生已经理解了教师用动作展示的内容，则无需再展示一遍。而且，如果教学内容比较复杂抽象，可以同时辅以其他的教学法，不必只使用全身反应法。通过多种教学方式的结合可以弥补其中的不足，加深学生对知识的理解，能够更好地增强教学效果。教师使用全身反应法进行教学时可以为学生创造一个沉浸式的语言学习环境，为学生讲解课文，帮助学生提高表达能力。教学法存在的意义是便于学生理解所学知识，教师应根据学生的具体情况选取适当的教学法，不应为了使用而使用。如果选取的教学法达不到预设的教学效果，教师应选择其他更为适用的教学法，确保教学效果。

教师要认识到语言的输入和输出对于英语教学的重要性，且适当合理地将它们运用到日常英语教学。应当先有"可理解性"引导内容的输入，再进行理解性、检测性、强化性的语言有效输出，并且在教学中应时刻注重体现学生的主体地位。为了保证在教学中体现学生的主体地位，教师应该做到以下几点：要了解高职学生的年龄特征、个性表现以及心理发展的变化，根据他们的认知水平、兴趣爱好、个性表现、能力水平以及对于授课教师的心理变化等因素因材施教；要充分考虑高职学生的特点，他们处在英语学习中有难以理解的内容，教师在开展教学时能够通过手势、动作以及表情等将教学内容展现出来，而不是呆板地、僵硬地传递知识，否则无法实现预期的教学效果。由此可以看出，教师必须将学生调动起来，引导他们自主地参与到知识学习中，并且在教学时要将学生的学习特点放在首位。我们在使用该教学法进行教学时，应以学习者的心理、学习等特点为参考，制定有针对性的教学内容。"投其所好"才能带动高职英语教学中的学习氛围，才可以在课堂中区别于传统授课的"只听只看"模式，在教学中利用高职学生最为感兴趣的话题和教学方式，激发学习热情，调动学习积极性。教师需要通过动作的幅度大小、语调的高低调节以及不断提出学习问题来引起学生的注意。教师还要组织学生在授课时进行如角色扮演、访问调查等形式的英语学习，让高职学生在课堂中有意识地输入语法知识以及词汇信息，将其与相应动作连接起来，使其对于英语学习的兴趣和主动性得到提升。

第二节 逆向教学法

一、逆向教学法概述

逆向教学法是由美国课程与教学领域的两位专家威金斯和麦克泰率先提出的，他们通过思考传统教学的不足提出了逆向教学法，即与传统教学相逆。这种教学方法把最终达到的目标放到教学的前面，教学过程成为寻找达到预期结果证据的过程，降低学习难度从而调动学习积极性。逆向教学法是针对泰勒模式的弊端所提出的一种全新的教学模式，旨在改变传统的"教学目标—教学实施—教学评价"的教学思路，改善人们因忽视教学评价而造成的教学弊端。这种将教学评价放置在教学实施之前的做法，遵循了先计划后执行的原则。逆向教学设计法的顺序是"教学目标—教学评价—教学实施"，教师以完全理解教学目标的状态围绕教学评价的工作实施教学过程，可以提高教学评价在整个教学过程的重要地位，能进一步提高教师对教学最终目的的理解，保证教师不偏离教学方向。

逆向教学法关注教师如何通过教学设计使学生能够真正理解他们所要学习的知识，并提供了一套规划程序和框架来指导课程和评估教学设计，以期使教师的教学更有目标性和有效性。在具体实践阶段，逆向教学模式包含两个核心观点：一是教学和评估的最终目的是学生的理解和学习迁移；二是教师应该从学生最终要达到的学习目的反向设计课程。理解是关于知识迁移的，在理解相关指标的基础上，也能将不同知识迁移到新挑战与新环境当中，而不是简单的知识再现与回忆。将理解归结于知识的迁移说明了学习的本质，进而也就使得"教育的目的是理解"这一观点更加明确。所有学习结果都必须以理解为基础，最终指向知识的迁移。正因为知道教育的目的是理解，逆向教学设计的适用性就更加清晰了。

逆向教学法认为，教学课堂、教学单元和教学课程在逻辑上应该从想要达到的最终学习结果出发，逆向推断进行教学设计，而不是从我们所擅长的教法、教材和活动中导出。同时，逆向教学法还强调评价证据是衡量学习结果是否实现的保障，因此要将教学评价置于教学活动开展之前。简而言之，就是先设计预期的学习目标，接着设计评估方法，最后设计达到预期学习结果的具体教学活动。

因此，我们可以说，逆向教学作为一种明确的学习目标，往往是以促进学生的学习为基础的，强调优先开展教学活动与课程设计的新型教学方法。

二、逆向教学法的实施步骤

逆向教学的实施包括三个步骤：确认预期的学习结果；设计评价学习结果的证据；学习方法和教学活动。其中，作为教学的关键，学习结果评价证据往往可以为教学活动提供指引。学习结果也能成为教学活动的基本依据，形成了教学目标决定教学评价、教学评价引导教学活动的因果关联，能最大化地保证学生学习的有效性。

（一）确定预期的学习结果

预期学习结果由整体学习目标细化而来，包括预期迁移结果、需要理解的重要意义、需要思考的基本问题以及预期获得的知识和技能。首先，依据既定目标确定学习结果而不是依据教材。既定目标指的是正式的、长期的目标，例如，国家级标准、学科目标以及表明学习结束时水平的成果。我们要以这些既定的目标来为教学制定有价值、有意义的学习目标，进而用学习目标来确定学生预期的迁移结果、需要理解的重要意义、需要掌握的知识和技能。其次，预期学习结果具有层次性。迁移能力就是解决实际问题的能力，具有整体性特点。迁移建立在对意义的理解和对知识、技能的掌握的基础上。反过来说，正因为有了迁移这个统合性的目标，学生在课堂中掌握的知识、能力和理解意义才有了明确的目的。一定程度上，迁移能使学生避免所学知识的零散化。最后，用大概念来统筹整个教学设计。大概念在某一学科领域具有全局性，可以将技能与事实构建联系的主观概念，同时也为教学目标提供相应的思维框架。因此，教师在进行教学时，要关注学科的大概念，以促成学生对知识的理解和结构化。由于大概念是抽象的、难以理解的，所以要将大概念转化为课程学习的持续理解问题，并解构大概念。与日常教师提出的问题不同，基本问题不仅能够体现某一学科的基本思想，同时也能在引发学生探索的基础上，关注重点问题，避免学生出现重复的现象，同时也能以基本问题为基础,对多样的、特定的学习者产生影响力。

(二)确定合适的评估证据

该阶段的目标是找到匹配上一阶段的合适的证据。这一阶段我们主要思考的问题如下:我们要根据课程中的不同内容选择最合适的评估类型。评估证据一般包括两大类型:表现性任务和包括测验、观察报告、开放性回答、家庭作业等在内的其他证据。其中,一些熟悉的知识或者技能可以选择传统的检查方式,涉及对理解性目标进行的评估则要选择表现性的评估方式来判定学习者的理解。我们可以使用理解的侧面作为表现性任务的设计框架。表现性任务能够提供证据表明学生是如何结合实际情况运用知识的,它是学生获得真正学习能力的有效工具。通常,表现性任务通过呈现给学生一个问题来设定具有挑战性和可能性的真实世界目标;由于评估所需的各种开放式问题和表现性任务没有唯一正确的答案或解决过程,因此对于学生工作的评估也必须以指标为依据进行判断。在恰当、清晰地描述相关指标的同时,也能在关注理解程度时确定关注点,进一步判断相关过程的公平性与一致性。适当的指标强调学生在任务表现中最具启发性和最重要的方面,而不是那些容易看到、容易评分的方面,因而教师要基于指标制定具体的评分指南。逆向教学设计提供了自评表以供设计者对自己设计的评估进行反思和完善。

(三)设计学习体验和教学活动

逆向教学法需要我们根据收集的评估证据来思考教学活动,而不是简单地根据要讲的内容。这一阶段我们要根据前两个阶段的教学(即依照学习目标和评估证据)去思考教学方法、教学顺序以及资源材料的选择。在这一阶段,逆向教学法并没有固定的教学方案,而仅仅只是以既定目标为基础,应用不同的学习指导方式与教学来确保其可以得到较好的实现。

三、逆向教学法的优势

(一)教学目标明晰

在传统的教学中,教师对教材有依赖性。教师在进行教学目标的设定时,主要考虑的是"我要教什么"和"学生要学什么"。教师更多的是希望学生能掌握教材中的知识点和技能点,而对要求学生掌握的程度缺少思考。有经验的教师可以根据自己的教学经验来选定训练方式和掌握学生的学习效果,而一些新教师往往难以把握。逆向教学法最大的优势之一就是直接从学生的"学习结果"出发来进行教学设计。这个"学习结果"是在既有的国家标准和学科目标指导下确立的,因此比纯粹依照教材更具科学性。此外，教学目标具有层次性。逆向教学法将教学目标划分为学生能够获得的知识和技能、学生需要理解的大概念、学生能获得的迁移能力。这三个目标能让学生沿着教师铺好的"阶梯"拾级而上，而不是盲目攀爬。

（二）评测手段全面有效

在传统的教学中，对学生学习结果的评测一般依靠课堂中的抽查、提问、课后作业的完成情况或者用阶段性的测试来检验判断学生对所学知识的掌握程度。这样的评估在范围上涵盖了学生学习的各个阶段，有其合理的地方，但在评估内容方面偏重于对基本知识和技能的考核。这种方式对知识应用能力的考核局限于卷面的考核，并且每个阶段的评估是独立的，评估之间没有相关性。课堂测试只是评测学生对课堂内容掌握的准确性，而没有更多地去思考课堂测试是学生最终知识和能力评估的一部分。逆向教学法从评估内容的全面性、评估方式的合适性和评估的有效性三方面来保障对学生所学知识及能力的准确判定。逆向教学法认为，评估不是单个事件的集合，而是"连续统一的"。各个评估事件间是前后铺垫、循序渐进的关系。逆向教学法在评估方式上没有否定传统的评测方式，而是认为教师应该根据不同的教学目标选择合适的评估方式。此外，对表现性任务的评定不是单凭教师的教学经验，而是需要制定相关"指标"和"量表"来完成，这样才能使得评估更具科学性。

（三）教学目标、教学评价和教学活动一致

在传统教学设计中，教师通常是根据教材内容确定教学目标，然后根据学生的学习水平和特点来设计教学活动，最后依据学生在课堂中做练习的方式和完成课后作业的方式来评估学生是否掌握所学知识。更确切地说，教师的关注点在于学生"会了吗"，而对于自己所进行的课堂活动是否达到了课前的教学目标关注甚少，导致"教学目标"成了摆设。此外，对教学目标的忽视也体现在对教师课堂的评估中。传统思维下，我们在评课中经常会听到"该教师教学思路清晰、课堂互动良好、教学重点突出"等评语，而很少将教学目标的完成度作为一个衡量标准。这些现象和问题其实都在表明：教学目标、教学活动、教学评估三者的不一致性导致了一个"无效课堂"。而逆向教学法要求教师根据"学习结果"思考评估证据和相对应的评估方式，再根据"证据"和"评估方式"来设计学生的学习体验活动。这样一条指向"学习结果"的设计线路是可以回环的。教师在最后进行课堂活动设计时，如果发现某一条评估证据难以实行，可以

返回上一步进行修改以完善整体设计的有效性。

四、逆向教学法对高职英语教学的启示

高职英语教学目标是教学中最为关键的部分。无论在教学中采用何种教学方法、实施何种评价内容、怎样安排课程进展，教师所做的一切教学工作都是为了实现英语教学目标，因此教学目标的制定尤为重要。确定英语教学目标和预设教学评价之后便要开展英语教学活动。

逆向教学法应用于高职英语教学中，首先，要坚持高职英语教学目标的学科素养，坚持学生导向的英语教学活动，促进高职学生的整体协调发展，推动高职学生英语语言能力、跨文化意识的培养；其次，要把握英语教学过程的单元整体性，体现英语教学活动的逻辑性和衔接性，推动和引导高职学生的英语学习；再次，高职英语逆向教学活动要能真实反映英语教学目标，激发和维持高职学生英语学习兴趣，引导学生英语思维发展，设计与学生现实生活相关的真实问题展开教学活动，激发学生学习英语的兴趣，帮助学生在情境中迁移学习；最后，要贯彻教学评一体化的指导原则，鼓励教师在英语教学过程中以一个评价者的思维进行英语教学和思考，有效组织和实施英语课堂教学，把英语教学目标落实到英语教学活动中，高职学生在英语教师的引导下主动、积极参与英语语言实践活动，将英语学科知识与技能内化为自身的能力和素养，教师依据教学目标确定评价内容和评价标准，组织和引导学生完成以评价为导向的多元化评价活动，以此监控学生的英语学习过程，检测英语教学的实际结果，最终实现以评促学、以评促教。

第三节　多媒体教学法

一、多媒体教学法概述

多媒体教学是在教学目标和大纲的基础之上，根据教学对象学习状况和类型特点，利用多媒体技术，通过教师的教学研究和课件设计，形成教学结构并应用于教学的过程。多媒体教学具有生动形象、内容丰富、信息覆盖性强、交互性好的特点，与传统教学模式互为补充、相得益彰。在教学过程中，利用计算机的交互性，将音乐、声效、视频、图片、动画等融合在一起，科技和教学结合在一块，激发学生的学习兴趣，可加强学生和教师之间的沟通交流，更好体现以学生为主体的教学原则。

二、多媒体教学法对高职英语教学的启示

（一）培养英语教师多媒体意识并加强教学培训

加强和深化对高职教师多媒体教学的培训是提高教育教学水平的重要环节，教师是多媒体设备的使用者，教师对于设备的掌握熟练度，对设备功能的了解直接决定了课堂的质量和效果以及给学生呈现知识和内容形式的丰富性。因此，应当积极采取相应策略加强对教师多媒体教学方面的培训。在英语教学过程教师应提高工作激情，抵制消极教学情绪，面对不良情绪学会自我排解、疏导。

根据学习迁移理论，高职院校英语教师要重视学习策略和作用意识，有意识地教会学生如何学习，促进学习的迁移，要注意启发学生对于所学知识进行概括，培养学生的迁移意识，注意对学生用多媒体进行英语学习时的反馈，当学生用英语学科解决其他学科问题的时候，或用其他学科解决英语学科知识时，应给予鼓励，培养英语教师多媒体作用意识。

1. 加强英语教师多媒体的作用意识

多媒体教学可以将图像、视频、文字、音乐等集于一身，功能强大，在英语课堂当中可以增加趣味性，使教学形式更加多样化，提升教学质量，便于高职学生在英语课堂上对知识的理解。多媒体技术制作丰富多彩的课件，激发高职学生学习兴趣，把抽象的知识通过多媒体声音、场景、图形、动画直观清晰地展现在学生面前，充分激发学生的想象力和学习灵感，取得良好教育教学效果，加强教师的多媒体作用意识。正因为多媒体教学所凸显出的优势，使教学教师对多媒体教学抱有较大期望，认为只要使用了多媒体教学，就能有好的教学效果，忽视了教师在教育教学活动中的主导地位和学生的主体地位。多媒体教学要实现目标最优化，需要结合教师的教学指导和学生的性格特点去开展教学，具体问题具体分析，在需要时使用多媒体教学和课件进行知识点输出，如果多媒体技术使用的好则可起到积极的作用。要加强教师对于多媒体技术在英语教学中应用重要性的意识，不可过分看重或者轻视多媒体在英语教学中发挥的作用。同时，教师在进行教学时，应把握好传统教学和多媒体教学的优势，不能一边倒，要使两种教学相辅相成、相互补充、相得益彰。在对学生进行多媒体技术英语教学时，要充分将多媒体技术课件和黑板粉笔板书形式充分结合在一起，互相补充，两者有机结合起来，取长补短。在需要多媒体教学时使用多媒体技术，在需要传统教学方式，使用粉笔和黑板的情况下使用传统教学手段，不能为了多媒体教学而采用多媒体教学手段，不能避重就轻，要将两者的教学优势充分结合到一起。

2. 学习和掌握"互联网+"技能

在"互联网+"和大数据时代，高职英语教师应该继续参加教育培训，提升教学相关能力水平，适应时代发展的步伐，符合教师终身学习的职业道德规范，与时俱进，教师应当了解和学习互联网相关技能，基础互联网处理技能也是学生需具有的基本能力，"互联网+"、物联网及区块链等新兴科技教师可以加以学习。

3. 加强教师培训及国际交流合作

邀请相关的专业人员到校为教师培训，也可邀请本校计算机教师为高职英语教师进行电脑操作培训，以实训的模式去训练，为教师提供一个进修机会，不断提高自身的素质；同时，要为英语教师创造一个实操实练的机会，提高教师的实际操作水平。高职英语教师不仅需具备扎实的学科专业素养，还要拥有教学形式创新意识，高职院校应大力培养教师在多媒体教学方面的主动创新性，主动研究多媒体科学技术在英语教育中的使用，摸索信息化教学改革新途径。参加教师多媒体实践训练，提高自身实践能力和行业经验，理论联系实际，踊跃与国内其他院校高职英语教师沟通教育心得及教学经验，加强国际间高职院校之间的沟通合作。

4. 了解和学习新兴教育平台

不断提高自身综合素养和英语教学专业能力以及多媒体技术操作水平，不断学习强化教育学专业理论知识；改进教学模式，不断更新和转变课堂英语知识讲授形式，紧跟时代步伐，充分将多媒体技术运用在英语教学中，激发学生学习英语的积极性；学校对教师进行现代化教育培训，抓住新时代背景下高职英语教育发展机遇。

（二）丰富多媒体英语教学形式

科技与技术、信息社会快速发展的新时代，要求教师们更新教学理念和时代的发展步伐接轨，由于英语实践性强及语言的交际性特点，要求高职英语课堂应以提高高职学生综合能力为宗旨，提高学生的就业竞争力。

运用多媒体技术可有效帮助教师根据专业性质创设教学情境，运用情境式教学提高学生的思维逻辑能力，将英语知识点和未来职业内容相结合激发高职学生的学习积极性。建立线上和线下学习模式，针对学生线上学习效果不佳的问题，通过线下巩固、辅导以及督促学生完成作业和练习，以查缺补漏的形式提高学生成绩；面对学生线上课专注力不强、分心走神的情况，教师在上课过程中可通过点名字、提问题、回答问题的方式督促学生。面对线上课平台操作的不熟练，应当加强自身专业技能，不断自我提升。同时，线上课可以采用慕课（MOOC）和微课在线英语上课形式。慕课中不同的教师授课，可以增加趣味性，学生可以找寻自己的兴趣点和不足点进行课后巩固。微课的应用也有很好的效果，教师自己录制的微课视频，紧跟时代和单元内容，带给高职学生亲切感和新鲜感，方便课前预习，课后进行巩固和学习，让高职学生体会到教师的辛劳和负责，从而带动高职学生的学习兴趣和积极性。学生进行反复的视听，并学着自己制作，制作和展示的过程使得高职学生们兴趣盎然，并有十足的成就感。各种英语学习APP也是教学上很好的工具，利用APP来做课程的问卷调查、投票、测试等十分便捷，也激起了高职学生的兴趣。课后如果有疑问可以直接提出，教师看到后可以进行解答，其他同学也可以进行解答，还可以发布一些表情图，像聊天一样的解决学习问题，活跃课后的学习气氛。

随着科学技术和现代化教学手段的发展，多媒体技术在语言教学中的应用也在不断进行优化和升级。英语教师利用多媒体网络技术在对英语这门课程授课时，结合实际情况给学生布置的任务需具有导向性、目标性和方向性，加强师生之间的沟通。教师在对高职学生进行多媒体英语教学时，也可采用多元评价法对学生进行学业评价，及时反馈学生英语学习的表现，鼓励表扬学生，并且布置任务后需有一些考核项，考核要有具体的考核标准，为学生做好考核评分表，有助于学生明确自身任务以及考核项目，充分调动学生学习英语的积极性，发展学生自主独立思考能力。多媒体技术背景下的语言教学有利于解决教学中出现的一些传统教学难以解决的问题，在我国高职教育国际化进程急速推进的背景下，一线教师要更加努力，培养稀缺的面向国际化的人才。

高职院校的课室基本实现了多媒体教学，应用多媒体来展现英语教学的丰富内容，可以使学生更直观地接受知识，节约时间，提升效率，增强学习兴趣。课室中的多媒体的应用，给高职学生们视听的享受，对于进行听力、口语、阅读等能力的提升有很大的作用，教师利用多媒体更改课程已有的PPT，增加趣味性和实用性。高职学生也可以借助多媒体来展示自己，多媒体在英语课堂上必不可少。

（三）设立多媒体英语教学监督管理机制

要想多媒体教学日趋完善，在高职英语教学中广泛应用，除了发挥各位教师的主人翁意识，积极使用多媒体技术外，还需要建立合理的多媒体教学监督和评价机制，提高教师多媒体实际操作能力和课件制作水平，构建适应高职英语教学发展的科学评价体系，体现学生的主体性，调动英语学习积极性。

1. 树立全员参与及全员监控意识

意识决定行动，树立正确的多媒体课堂教学监控理念是至关重要的，可以帮助、引导教师和学生提高教学效果和学习效果，这就需要学校改变一些监控手段，进而改变教师的监控理念。因此，要建立合理的多媒体教学监督和评价机制，首先要进一步提高"全员"对英语课堂教学质量监控意义的认识，学校全员参与到监控工作中，都树立起全面的监控意识，形成全员监控的全面意识。多媒体英语教学质量监控的工作是"全员"参与的，评价机制的设置不应该只是把提高课堂教学质量归于教师、学校的责任，要认识到监控多媒体英语课堂教学质量也不是某个部门、某个人的责任，它需要全校成员共同努力，共同承担的责任，参与的每一位监控主体都责无旁贷。

2. 建立监督评价机制及奖赏制度

监督管理和评价机制设置的结果评估内容，不能只是以学生的英语这门考试成绩为标准，高职院校在进行多媒体教学质量监控工作、建立监督管理和评价机制时，要看学生的综合能力，聚焦学生的全面发展。建立合理奖赏惩罚制度，在多媒体英语教学过程中，多媒体英语教学质量可通过质量评估形成准确的评价，对于教学中表现突出的教师，给予一定的奖励，一方面鼓励和肯定高职英语教师的工作；另一方面，可侧面激励其他教职工，起到示范性带头模范作用。英语教师可参加学术交流会议，提升专业素养，改善教学效果，开展试点学科校际的合作交流，加强给教师提供学习多媒体教学的机会。

3. 加强多媒体教室公共卫生监督管理

除了对多媒体教学课件内容和教师的管理和质量监控外，要注意对多媒体教室公共卫生环境的监督和管理，避免出现多媒体教室脏乱差的问题，保持教室的干净卫生；对多媒体教室的电脑定时进行病毒查杀，有助于提高多媒体教学的质量和效果。

（四）加强多媒体基础设施建设

1. 完善软硬件基础设施建设

基于信息技术创造的多媒体英语教学环境，学生可以真正做到移动学习、自主学习、个性化学习三者有机统一。学校应立足大局，加强多媒体基础设施建设，为学生构建一个便利的多媒体学习平台，既能提升学生的英语综合素质能力，提升就业筹码，又能为英语教师备课配备优质互联网资源，吸引优质生源，扩大学校知名度，为建设优质高职学校添砖加瓦。例如，针对校园限速问题，建设校园全覆盖无死角、优质高速的智慧校园，为英语学生随时随地开展英语自主学习创造良好的网络环境。建设资源丰富的数字图书馆，助力优质网络课程的研发，购买在线学习软件，学生以班级为单位，在教师引导下统一登录，方便快捷地查找英语的学习资源，既是学生学习内容的线上增补，又是课堂教学的有效延伸。

针对教师多媒体设备配备不足问题，可建立专门的语言实验室和智慧课堂，加强网络师资建设，践行混合式教学模式，实现教师多媒体教学能力的提升，满足"互联网+"教育背景下对高职英语教学的要求。

2.加强教师技能培训，建立有效的评价激励机制

作为教师专业能力的重要一环，教师信息化教学能力是多媒体教学环境下对英语教师提出的新要求。高职院校应全面提升教师多媒体教学能力，健全教师精准培训机制。学校要有计划、有针对性、有组织地针对英语教师进行多媒体教学培训，秉持"走出去"和"引进来"双重战略理念，"走出去"即带领英语教师参加不同院校的多媒体教学交流活动，观摩优秀多媒体教学成果，参加多媒体教学设计大赛；"引进来"即邀请多媒体专家对英语教师进行指导，助力建立智慧课堂。建立有效的评价激励机制，激发教师提升多媒体教学能力的积极性。人本主义心理学倡导以人为本，重视发挥情感因素，例如鼓励、尊重、表扬等的作用来激发作为人的主体性意识。因此要想提升英语教师的多媒体教学能力，需建立一套健全合理的英语教师多媒体教学评价体系，认可教师的专业化成长。例如学生的评价、英语组教师的评价、学校如学校督导评价等层层递进，一步一步地对优秀教师的多媒体教学能力进行充分的认可与鼓励。

（五）营造多媒体研讨氛围

1.优秀模范教师"传、帮、带"新教师，设定教研组织和监督机制

比如成立教研组，在对学生进行英语教学前，可将高职教师提前召集在一起教研，集思广益，优化教学效果，轮流模拟课堂进行讲课，其他教师评课，给予优化意见。同时可以设定监督机制成立监督小组，教研小组的教师中选定一位组长，对每次多媒体英语教学教研备课进行监督，对于表现突出的教师给予一定的鼓励和奖励。除此之外，学科带头人和优秀教师可起模范带头作用对新教师进行

指导，形成优秀教师"传、帮、带"的校区文化，提高教师多媒体技术处理能力，也可组织多媒体英语教学相关的比赛等活动。

2. 有目的性地进行备课教研

多媒体备课教研需要具有一定的目的性，高效率有层次有主题，不断升级教学质量。注重学生思维的流畅性、变通性、敏捷性和创造性的培养。同时，在课堂中多媒体英语教学的内容要适中，根据学生的年龄和知识的接受能力以及上课的时长确定多媒体教学的内容量，根据高职学生的心理认知水平制作多媒体课件以及备课。

第四节　互动式教学法

一、互动式教学法概述

（一）互动式教学的内涵

"互动"这个概念最早出现在社会心理学的领域。德国杰出的社会学家格奥尔格·齐美尔最早提出互动是人与人之间传递信息的过程，在这个过程中人与人之间相互交换信息，以达到交流的目的。20 世纪 70 年代是互动式教学法的萌芽时期，随之教育者们对互动式教学法进行了深入的研究与发展并将它应用于英语教学中。

由于教育专家对互动理解的不同，互动也有不同的定义方式。互动有广义与狭义两种层次，广义的互动是所有物质存在物之间的相互作用，在教学过程中，这种互动通常是隐性的，比如教师在备课时预先设想了学生可能会提出的问题，对问题做出了相应的准备，这种教师在备课时就设计好的教师与学生间意识或者情感上的互动，就是广义的互动。这要求教师在上课环节设计中表现一定的逻辑性。这种互动一般不发生在课堂教学的过程中，多在课前准备时。狭义的互动是特定社会环境下，人与人之间发生各种形式、性质、程度的相互作用。这种互动主要以动作为主，是显性的互动，比如课堂上教师带领学生们玩词语接龙游戏，狭义的互动多发生在课堂教学之中。

互动式教学法是一种教学模式，更是一种教学理念，该理念的核心是"以人为本"，学生在课堂中占主体地位，教师起主导作用，教师要通过"沟通式"与

"引导式"的教学手段围绕教学目标引导学生完成学习任务。互动类型有师生互动、生生互动以及人机互动等。教师在此过程中需要激发学生的求知欲，重视学生的自主创造性。与传统课堂相比，这种教学模式更加重视学生发挥个人能动性，同时充分保证学生在课堂中的主体地位。

互动式教学的内涵可以概括为在课堂教学中以学生为主体，教师为主导，师生互动和生生互动为着力点，师生间通过"沟通式"教学手段，基于师生间或学生间的情感交流，围绕教学目标，相互作用，共同完成教学内容的教学方法。互动教学应当充分尊重学生学习的主体地位，发挥其主观能动性，通过教师的引导，形成发展的、创新的、教与学相互统一的交互式教学过程。在师生互动的课堂中，调动教学的参与者以及课堂环境中的各种资源参与互动，可以潜移默化地帮助学生掌握所学语言，提高教学质量。

（二）互动式教学法的特征

互动式教学法有如下五个方面的基本特征。

1. 学生学习的主体性

互动式教学法强调学生的主体地位，将学生看作课堂的真正主人，教师在课堂中起主导作用，这是互动式教学法的核心特征。在传统的英语课堂中，教师的教学重点是词汇和语法结构，课堂中教师习惯性的满堂灌，学生通常只是被动地听、做笔记，师生之间互动较少，学习氛围较为枯燥。而互动式教学法使用启发式教学，学生是课堂的主体，教师在课堂中起主导作用，组织教学，引导学生参与课堂活动。学生主动参与课堂活动，是课堂的唯一主体。通过参与课堂活动，与其他同学共同完成各种学习任务，掌握学习的主动权。同时，学生在参与课堂活动中对彼此的学习活动给予评价，并及时给教师提供有效的反馈信息，教师则根据学生的反馈，有的放矢地组织、调整、实施教学活动，提高学生对教学的参与性，从而提高学习效率。在课堂中为学生创造用英语进行交流的机会，调动学生对课堂教学的参与度，提高学生的学习热情，是教师在互动教学的过程中的主要职责。

2. 师生平等性

互动过程是一种共享过程，可以共享精神、知识、智慧、意义，师生在共享中相互促进发展，保持共识。因此，互动教学是一种共主体教学，它以消除了自我中心的意识而生成了交互主体性为特征。互动式教学法的基本前提就是教师和学生之间建立起平等的关系，这与传统教学方式下的师生关系不同，它更关注师生间的精神沟通。互动式教学方法下，教师与学生始终以平等的关系进行交流、互动。教师采用"启发式教学"，引导学生积极踊跃参与课堂互动，帮助学生答疑，培养学生独立思考的能力，提高交际能力。互动式教学与传统教学模式相比最显著的特点就是师生平等。

3. 教学内容的创造性

教科书是传统英语教学中教师主要的教学依据。而在互动教学中，教师会根据教学的需要灵活地将生活中的有教育意义的素材，如报纸、广告、期刊、电影等，与教材进行有机整合，运用于课堂活动，给学生提供真实的语境，进行更有效的教学。在教学中教师把教材中的知识、教师的知识、学生自己掌握的知识、社会生活中具有教育意义的知识融入课堂活动中，可以有效帮助学生进行知识的构建。

4. 教学方式的交互性

互动教学强调全方位的信息互动，包括有效地传递、接收、处理和反馈信息。信息的处理是教师与学生之间双向的交互过程，在这个过程中师生之间进行交流与沟通，完成知识的传递。教师选择和教授教学内容，引导学生参与课堂的各种教学活动，用师生共同的努力推动课堂教学。在师生交互的过程中，学生提供给教师有效的反馈信息，教师根据学生的反馈有针对性地进行教学，从而有效提高教学效果。

5. 教学策略的灵活性

互动式教学法的教学策略具有灵活性，如双人活动、小组活动、角色扮演、采访、即兴表演等。根据学情、教学目标以及教学内容的不同，教师可以选择不同的教学策略，为学生创造出积极向上的学习氛围，鼓励学生发展自我个性，表达个人的思想感情，增加教学的趣味性，增强学生学习英语的兴趣，提高学习效率，进而掌握语言知识和技能。尊重学生学习的主体性是互动式教学法区别于传统教学方法的最基本特点。互动式教学法在教学内容、教学方式、教学策略方面所具有的特点显示在课堂中教师会在尊重学生主体性的前提下，灵活地使用各种教学策略，将具有教育意义的教学素材与课本教材相融合，在师生之间的平等的交流与互动中进行知识的交换。

（三）互动式教学法的类型

参与互动式教学的主体有三种，即教师、学生个体以及学生群体，三者随时可以互动。现将互动的类型总结如下。

1. 教师个体和学生个体的互动

在课堂教学中，教师检查学生学习情况，最常用的手段是对学生进行提问，这时就产生了教师与学生个体之间的互动。在互动地过程中教师应该懂得与学生进行交流沟通，倾听学生的所思所想，和学生一起探索世界的奥秘，和他们一起经历青春的迷茫与困惑，才能得到学生的信任与认可，从而加强师生关系，提高课堂效率和学生的学习兴趣。

2. 教师个体和学生群体的互动

当教师面向全体学生进行提问、讲述、组织讨论时，就产生了教师个体和学生群体之间的互动。在课堂中时，教师通过言语表达出对学生的印象和期待，鼓励学生努力学习，可以激发学生学习的向师性，从而形成对学生的期待效应，最终提高教学效率。

3. 学生个体与学生个体的互动

在学校教学中学生个体和学生个体之间的交流是最普遍的存在，他们之间的交流方式主要包括同伴讨论、相互问答、相互学习等。在交流的过程中会产生信息传播，从而有助于学生之间在知识上取长补短，潜移默化地影响彼此的情绪，从而营造出一种相互帮助、相互学习、相互激励的学习氛围。

4. 学生个体与学生群体的互动

当学生个体在同学面前回答教师的问题，发表观点或者对其他同学的观点进行评价时，就产生了学生个体与学生群体之间的互动。这种互动有利于增强学生参与课堂活动的积极性，并有利于增强学生的自信心，提高人际交往能力。

5. 学生群体与学生群体

学生群体的互动主要产生于小组成员之间的讨论以及各小组之间的沟通交流，具体指对某个问题在小组成员之间进行内部讨论，各组之间对讨论结果进行的汇报和交流，使持有不同的观点意见的学生相互学习和借鉴，从而活跃课堂氛围，提高学生对课堂活动的参与性，培养学生的集体意识和班级凝聚力。

6. 个体互动

个体互动能够超越时间和空间的局限，它是学生自我认知、自我学习的过程，是主我与客我之间的互动，是所有互动的最终目标。因为学生所学的外在的知识需要通过个体的内化来转换为自己的知识。课堂中学生的个体互动具体表现为举手发言、认真听课、积极思考、向教师提问题，等等，而这些表现都表明课堂教学具有积极效果。

从互动式教学法的分类来看，互动式教学法会调动课堂的所有参与者参与到课堂的活动中，让每一位参与者都能在活动中受到教育，有所收获。无论是何种类型的互动最终都要回归到个体互动，只有经过个体的内化吸收，学生才能将外部的知识转化为个人的能力。

二、互动式教学法对高职英语教学的启示

学生是教学的重要参与者，学生在学习生活中遇到的问题就是教师应当重点关注解决的问题。通过在高职英语教学中运用互动式教学法，根据高职学生在英语学习方面出现的共性问题，总结出下列启示。

①使用互动式教学法需要教师有深厚的专业知识以及广泛的各学科知识作为支撑。在使用互动式教学法进行教学的期间无论是在教案设计的阶段，还是在课堂中实施的阶段，都需要深厚的专业知识以及宽广的学科知识作为支撑。在教学过程中，教师不仅需要精心设计教案以吸引同学们的注意力，同时也要使教案符合课程标准的要求。在这个过程中教师要不断地查找资料，完善学科知识，以设计出符合要求的教案。在课堂的实施阶段，在与学生的互动中，具有个性差异的学生和他们所提出的各种各样问题以及课堂中的各种突发问题，随时都会考验教师的知识储备和教育智慧。唯有掌握深厚的专业知识和广泛的各学科知识才能更好地运用互动式教学法。

②注意教师的主导作用与学生主体地位的平衡。在高职英语互动式教学法的实践中尤其强调教师是英语课堂活动的组织者和引导者，学生才是英语课堂的主体。只有在英语教学实践中真正处理好学生和教师的关系，把握好二者之间的平衡才能顺利地开展英语课堂教学，进而保证英语课堂的教学效果。例如，在英语写作教学实践中，教师选择写作话题，并以写作话题为背景为学生创设合理运用语言的教学情境，激发学生参与课堂活动的积极主动性，引导学生思考并迁移课本所学的相关句型和语言素材，进而在保证课堂顺利进行的同时提升学生的英语

写作水平并增强学生学习英语写作的自信心和学习兴趣。

③教师应当帮助学生树立自信心，提高学习兴趣，提高学生对于学习英语的信心，尤其是那些英语基础较薄弱、英语学习效率较低的学生。由于以前基础差、底子薄、缺乏自信，很多高职学生尽管也有学好英语的想法，也想参与课堂活动，但碍于自身能力不足、心理压力大而不能踊跃参加课堂活动，更不会主动回答教师提出的问题。最终导致这部分学生在课堂上不能有效地和教师沟通，教师也很难发现他们存在的具体问题。这样的课堂也必然不会是高效的课堂。然而，在应用互动式教学法上课时学生有了更多和教师互动交流的机会，教师也能更直接地了解到学生的实际情况。通过一段时间的互动教学的实验后，他们能够勇于表达自己的想法，当遇到学习困难时也会主动向教师或者同学请教，学习态度发生了很大的变化。在使用互动式教学法时，教师会鼓励学生勇于表达自我的观点，对于学生独到的见解进行引导和鼓励，帮助有表达欲望的同学用目标语言表达自我。久而久之，就会提高学习英语的兴趣，成绩也就自然而然地提高了。

第五节 启发式教学法

一、启发式教学法概述

（一）启发式教学的内涵

"启发"这个词语最早出现在《论语·述而》这篇文章中，《论语·述而》记载到"不愤不启，不悱不发"，是孔子的经典性言论，也是进行启发教育最为原始的意义。在这里，"启"和"发"是一组同义复合词，专指教师的教，所以，启发式教学是教师进行教学时所采用的一种教学方法。再者，《学记》中也有对启发式是一种教学方法的论述："道而弗牵，强而弗抑，开而弗达"，对如何实施启发式教学进行了详细的阐述。《中国大百科全书·教育》中将"启发式教学"定义为：教师在教育教学过程中，遵循教育教学规律和学生已有经验，对学生进行引导，以促进学生积极、主动地掌握知识的一种教学方法。启发式教学是遵循客观规律，从学生的实际情况出发，引导学生积极思考，从而使他们主动地获取知识、发展智能的一种积极的、创造性的、双向的一种教学方法。

启发式教学的内涵是指在启发式教学思想指导下，基于现代科学理论和教学实践，以改善学生学习的方法。

（二）启发式教学的特征

启发式教学具有以下四方面的特征。

1. 民主性

教师创设民主、平等、和谐的课堂教学环境，学生可以充分自由地表达自己的观点。当教师面对这么多的学生和承担巨大责任之时，需要更多的是耐心。教师需要与学生进行真挚、诚恳、平等的互动，抚慰学生的情绪，巩固学生的信任，凝聚学生的智慧，建立和谐的师生关系。启发式课堂教学中教师占据的是主导地位，因此，教学"共同体"的构建，师生之间平等对话、沟通和交流要求教师营造良好的教学氛围。

2. 主体性

教学是教师的"教"和学生的"学"相结合或相统一的活动。运用启发式教学的关键在于教师善于引导学生，发挥教师在教学中"教"的主导启发作用，以更好地发挥学生在教学过程中的主体作用。受古代教学条件限制，孔子等古代教育家经常通过谈话或者"问答式"向学生提出一些问题，引导学生积极主动地思考，在学生主动思考的基础上针对其疑难困惑给予启迪。现代启发式教学关注人的主观能动性、主体意识、主体潜能的充分发挥，把培育和发展人的主体性能力看作现代启发式教学的基本原则，启发方法的运用便要承认并发挥学生在教学过程中的主体作用，诸如教学改革实践中出现的"自学辅导法""尝试教学法""情境教学法"等都是重视学生在教学过程中"自我发现"和"探索"，以发挥学生的主体性为导向的教学方法。现代启发式教学的教学过程关注人的主体性生成，教师可以在学生的最近发展区内创设具有一定难度的问题，激发学生探索的自我能动性，推动学生思维的深度活动，通过引导学生自主、合作、探究学习，启发培养学生的探究精神、创新意识与实践能力，促进学生主体能力的构建与发展。同时，在启发式教学中，教学方法的运用以激发学生的积极主动性、发挥学生主体性为旨归，且并不局限于某一具体方法的选择运用。启发方法是多种多样的，比如，讲授启发、设疑启发、反问启发、直观启发、情境启发、比较启发等都是常用的启发方法。教学过程是根据教学内容以及学生已有经验水平的实际情况，对教学方法进行合理选择、交叉组合以达到最优化的启发效果。

3. 协同性

教学是一项双边活动，这不仅是教师的教学，而且是学生的学习，缺少其中任何一者，两者都无法成立。简而言之，教师的教育教学活动不仅涉及教师的"教"而且必然涉及学生的"学"，教师"教"须与学生"学"协同推进、辩证统一。同时，学生是参加教学活动的实践者、认识者。课堂教学是在教师指导下，师生之间的双向互动式的交流活动，而不是一种单向的"一言堂"式教学活动。教师在组织课堂教学活动时，以教学活动"互动性"为导向，启发学生思维，教给学生学习方法。此外，也需避免刻意营造"活跃"的课堂气氛，而脱离教学实际。

4. 创造性

启发式教学以启发学生的创造性思维为"总钥匙"，启发学生的创造性思维能力至关重要。在启发式教学中，教师在课堂教学中往往以引发学生的认知热情为出发点，并试图改变以往学生被动接受知识的窘境为学生主动学习的顺境，以此达到最终激活学生思维的目的。

二、启发式教学法对高职英语教学的启示

高职英语教学中，教师对于启发式教学的理解和认识，影响着英语课堂教学中启发式教学的运用效果，也影响着英语课堂教学的质量水平，教师要提高对于启发式教学的本质认识，保持对英语教学理论学习的积极性，秉理论指导实践的理念，重视对英语启发式教学基本规律和本质内涵的学习；通过阅读文献充实自身英语教学理论储备，系统全面地了解启发式教学的内涵、特征、运用原则、促进策略，充实自己的理论储备；通过参加专家讲座，系统了解启发式教学的基本规律以及原理知识，加强对英语启发式教学内涵和运用规律的认识，学习掌握进行英语启发式教学的方式方法。

明确高职英语教学目标既是教师发挥自身主导作用，有效推进、落实英语启发式教学的前提条件，也是学生发挥主体能力、提高学生学习英语的保障。教师要将学生视为具有主体性的、全面发展的生命整体，明确进行英语启发式教学的最终指向不仅是学生对英语知识的掌握或者问题答案的获得，而是学生知识、情感、思维等各方面语言技能和核心素养的提升。教师在进行英语教学设计时，在兼顾语言知识和教学方法的基础上，将培育学生的语言交际能力作为启发教学的着力目标。教学目标要注重英语学科知识学习背后学生的学科思维和学习能力的培养，以知识为思维发展的内容基础，着重于学生的批判性思

维、创新性思维等高阶思维能力的培养，促进学生的英语学习走向深度。教师将培养学生的可迁移能力以及在情境问题中综合运用知识、解决问题的英语学习方法作为启发目标的重点。

在英语教学过程中，启发式教学方法的选择和运用应该以高职英语教学目标、英语教学内容和高职学生的基本学情为基础，以英语课堂教学过程中学生的具体情况为依据，教学内容的特殊性和学生个体存在的差异性要求教师对启发方法的运用要灵活。针对不同教学内容，教师要合理选择启发的方式方法，同时，在课堂教学中，启发方法的运用又不能拘泥于某一种教学方式，要根据教情和学情，综合使用多种启发方法，这样不仅可以实现教学内容，完成教学任务，还可以给教学过程注入新鲜感，激发学生参与课堂教学的热情，彰显课堂教学活动的活力。高职英语教学方式是为了达到英语教学目的、完成高职英语教学任务，教师和学生在教学过程中采用的教与学相互作用的方法的总称。在启发式教学中，教师是作为学生学习英语语言的引导者和促进者，需要采取有效的方式激发学生学习英语的好奇心和求知欲，启发学生思维，引导学生积极、主动地发展，创新发挥启发方式，综合运用多种启发方法，提升师生的启发教学过程体验。

第六节　自主学习教学法

一、自主学习教学法概述

华中师范大学庞维国学者将英语自主学习划分为以下三个层面：①前期做好英语自主学习活动的统筹规划；②监测、评估英语学习活动，并做好及时反馈；③调整、修正英语学习活动，使之不断完善。基于以上三个方面的解释，将英语自主学习定义为学习者能基于自己的学习风格，独立地或在教师的引导下制定合理明确的学习目标，且能通过自主学习或合作学习的方式监督学习目标的实施以及进展的情况，反思、评估学习的状态及效果，最终促成学习目标的落实。

英语自主学习有如下几个特征：①有明确的学习目标。学习者能根据教师布置的学习任务和自身的实际情况制定相应的学习目标，是英语自主学习的重要特征之一。具体表现为不仅对自己的学习有着明确的学习目标，还能领会教师的教学目标，且能根据教师的教学目标恰当合理地调整自己的学习目标。②学习资源利用率高。网络学习资源有广义与狭义之分，广义是指学习者能享有软硬件设施所共同带来的学习资源，例如硬件里的扫描仪、光纤等，以及软件里的优质网络在线课程。狭义专指软件资源。如若学生能根据学习任务，主动地去网上查找相应的学习资源，并加以整合与利用，显然表明了该学生的网络自主学习能力较强，因此学习资源的利用率也是衡量网络自主学习能力高低的重要标准之一。③学习方法和策略多样。在学校进行自主学习时，教师会给予一定的指导和帮助，但是在具体的学习任务落实时，更多需要的是个人的独立思考，因此能在自己独立的思维空间中充分运用多样化的学习方法和策略高效地完成学习任务，也是自主学习者的重要特征之一。④能进行自我控制和评价。具备自主学习能力的学习者会对自己的学习计划与目标、学习策略、学习资源以及学习结果等具有监控与评价的主体意识，能采取及时有效的调整措施，利用多种评价方式客观认识自己的学习情况，用自律抵制学习的随意性，并持之以恒地坚持下去。

由以上自主学习的定义及内涵可知，自主学习教学法就是教师根据学生自主学习理念为学生创建自主学习的支持性学习环境，自我管理、自我评价，形成良好的学生协作关系，促使学生成为自主学习者。因此，自主学习教学法的关键是为学生创设和谐、互助、自主的学习环境，教师要转换角色，在尊重学生个体差异的基础上开展各种教学活动，帮助学生学会自主学习。

二、自主学习教学法对高职英语教学的启示

（一）提升自我效能感

人本主义心理学强调情感因素对自主学习能力的显著提升作用，这就要求英语教师重视表扬、尊重、鼓励等情感性因素的作用，提升学生的自我效能感，树立信心，乐观积极地实现自我价值。美国心理学家班杜拉在1977年提出"自我效能感"理论，自我效能感是指在完成某项学习任务之前对自身能否完成学习任务的主体把握和自信程度。自我效能感对英语专业学生的英语自主学习目标的设定、学习过程的监督以及心理健康等各方面都发挥着巨大的作用，提升自我效能至关重要。

另外，家长还可以以适当的表扬激发高职学生的自我效能感。父母教养方式中的情感温暖是学习动机和自主学习能力的主要预测因素，对内在动机和自主学习能力均具有正预测作用。高职学生作为职业教育的中流砥柱、大国工匠的后备军，家长首先应当充分认可自己的孩子，从细小处着手，每当孩子付诸行动完成自己的学习目标时，给予充分的鼓励，长此以往、坚持不懈地逐渐提升高职学生的自主学习能力。

人本主义强调非指导性教学，提倡建立平等、民主、互助的师生关系，促成学生情绪的积极体验；助力英语专业学生提升自我效能感，克服畏难情绪，让学生相信自主学习能力一定可以通过后天系统的训练顺利养成；让英语专业学生在积极的情感体验中激发英语学习的主体意识，引导学生多说多练，勇敢尝试，独立思考，自主学习，善于总结，做自己学习上的真正主人。

（二）加强自主学习策略的培训

人本主义心理学家罗杰斯认为，人是具有主观能动性的个体，反对学生在填鸭式教学模式下成为知识的"容器"。他强调在学习过程中，应大胆鼓励学生进行创新，实现真正意义上的自主学习，且在教学目标上强调让学生学会学习，以此来适应时代的变革与发展。这就要求高职英语教师要加强学生学习策略的培养，尤其是元认知策略的培养。但是在长期的英语自主学习策略的探索历程中，高职英语专业学生依然面临着许多现实挑战，教师要加强对高职学生自主学习策略的培训，培养高职英语专业学生自主学习能力。

1. 元认知策略培训

元认知策略兴起于 20 世纪 80 年代，分为计划策略、监控策略和评价策略。计划策略是指在学习活动开始前，有计划、有准备地对接下来的学习进行系统性的安排；监控策略是指学习者对学习计划的实施情况、学习内容的掌握情况、学习目标的完成情况以及学习策略的使用情况等整个学习认知过程的监控；评价策略是指学习者对自己学习成果的优势与不足进行评估，对如何更好地使用学习策略进行反思与总结。教师可以依托课堂，直接教授元认知策略，培养英语专业学生对元认知策略的理论学习和运用。例如在课前介绍元认知策略的相关知识，且在不同课型的应用中帮助英语专业学生对元认知策略有一个更深入的理解。借力网络上的资源和素材，在课堂上训练学生的元认知策略。例如，英语听力课的听前阶段发放电子学习计划模板，让学生根据自己的实际情况确立学习目标，制定学习计划，以培训学生的计划策略。听时阶段训练学生利用达·芬奇笔记法监控自己的注意力是否集中、学习策略使用是否合理（达·芬奇笔记法即在网络教学平台形成专属自己的思维导图），以培训学生的监控策略。听后阶段训练学生利用学习档案袋、反思日记等检查自己对听力材料的理解程度以及近期的听力学习情况，以培训学生的评价策略。最终在三种策略的培训中习得元认知策略，促进英语专业学生网络英语自主学习习惯的养成。

2. 有效补充其他策略

元认知策略虽作为学习策略的"领军人物",然而其余策略也不可或缺。学生学习英语基本具备一定的认知策略,只是由于缺乏系统化的训练导致使用频率不高,这就要求英语教师要做到积极引导,基于学生已有的认知基础,因势利导地训练学生分析问题继而解决问题的能力。社会策略顾名思义是在社会环境中,在与他人的协作沟通之中解决当下所面临的问题。高职学生具备社会策略的意识,但是效果有待提升。英语教师应积极引导高职学生采用协作学习的方式,与他人交流、协作的过程中进行知识的意义建构,助力建立自己的认知图式和语言系统。情感策略是指通过自我鼓励等方式规范管理自己的情绪,有助于自信心的培养。补偿策略指合理猜测、弥补缺陷和不足。例如,高职学生在听力的过程中补偿策略和情感策略相对较差,英语教师应着重在英语听力课堂上,培养学生积极的情感因素,教授学生利用补偿策略合理猜测,对听力材料进行预判,降低听力焦虑,创造良好的心理环境。记忆策略主要是用来记忆、复习新信息的,尤其在高职英语词汇教学中得以广泛运用。多数高职学生能掌握一定的记忆策略,但是遇到专业性较强且生活常见度较低的英语术语时容易遗忘。因此英语教师可培训音形义结合联想、字母组合读音联想、构词规则联想等多种词块记忆策略,帮助学生掌握科学合理的词汇记忆方法。通过元认知策略以及其他策略培训来培养高职学生的英语自主学习习惯,有利于贯彻人本主义理论倡导的"以生为本"的教学理念,激发学生的主体意识,让学生主动地建构知识,掌握真正的学习策略,促进英语课堂教学效率和学生英语自主学习能力的提升,在促进教育信息化、现代化的进程中,为国家和社会输送一批批高素质、高技能型英语人才。

（三）加强自我监控与外部监控

人本主义理论强调要"以学生为中心",强调激发学生的主体性意识,而学生对自己学习的监控正是自主学习活动中自主性的体现。高职学生自制力水平并不高,自我监控能力有待提升。随着互联网信息技术的蓬勃发展,可供英语教师选择的教学内容、教学方式、教学资源和教学方法也变得更加多元,但同时也产生了很多新的问题和挑战。例如,师生由面对面的课堂教学形式转为人机结合的形式,在一定程度上造成了师与生的分离,在"互联网+教育"的时代背景下,英语教师要合理使用互联网平台,和学生进行及时的沟通和交流,并对他们的学习情况进行全面监督和管理,践行建构主义学习理论中"会话"这一关键要素的要求。

①教师监控与学生自我监控相结合。高职英语教师存在课时多、任务重、生师比过大等问题，所以相对而言做到对学生英语学习给予反馈与指导的情况并不多，而教师监控和学生监控各有所长，有机结合之后能取长补短地对学生的英语自主学习提供监管与指导。英语教师可对自主学习进度较快的学生及时给予鼓励与表扬，对进步较慢的学生进行及时督促，对班级整体的学习情况做到心中有数，在有效监督中提高全班的英语学习效果。学生可制定有效的英语学习计划，善于使用学习助手监督学习计划的执行，积极主动参加自主学习测试，对自己的英语学习效果进行反思总结。

②建立连续性监控体系，对学习的过程进行动态跟踪。例如，学生可通过写英语学习日记、制作学习档案袋等方式，使监控贯穿英语学习的全过程，经常性地、非正式性地对自己的学习过程进行评价，以期早日发现英语学习过程中的问题并得以解决。

③自主学习与合作学习相结合。建构主义学习理论强调"协作"的作用，主张学生在自主学习的过程中加强与其他学习者的合作交流。自主学习是合作学习的前提，合作学习是自主学习的有效补充，二者相互促进、相得益彰。

通过自我监控与外部监控的"双管齐下"，不仅学生可及时检查英语学习计划的实施情况，及时根据英语学习中遇到的困难调整学习策略，从而促进对英语学习过程和学习效果的自我监控与调节，凸显教学实践的主体建构性，将自主学习的效果发挥到最大化，而且还能体现英语教师教学过程的人本关怀，促进自身教学能力和职业教育教学质量的全面提高，践行建构主义和人本主义的教学理念。

综上所述，在英语教学过程中，建构主义学习理论、人本主义心理学理论发挥出强大的理论指导作用，为融入英语教学提供了强有力的条件，二者在相互促进、相得益彰之中促进了自主学习教学法教学手段的变革、教学理念的更新。

第七节　过程体裁教学法

一、过程体裁教学法概述

过程体裁教学法是一种综合性的教学法，是由成果教学法、过程教学法和体裁教学法发展演变而来的。

成果教学法关注文章的语言知识，如词汇、句型结构和衔接手段的正确使用等。成果教学法源于中世纪的拉丁语教学，以行为主义为理论基础，该教学法认为写作是由教师提供"刺激"，学生做出"反应"的过程，在整个教学过程中，学生是被动的。成果教学法能帮助学生掌握不同篇章的句法结构和语言知识，如语法知识、词汇、句型等，使学生在写作时有话可说。但是，该教学法把写作过程看作提纲—写作—编辑的线性活动，师生之间缺乏互动而教师仅仅通过语言形式的准确性评判学生的作文，忽略了对作者观点或作文内容的点评。因此，该教学法无法提升学生的写作水平，于是20世纪70年代出现了过程教学法。

针对成果教学法存在的不足，20世纪70年代美国西北大学教授瓦勒斯·道格拉斯首次提出过程教学法。过程教学法的教学步骤包括写前准备、写作阶段、修改阶段和编辑阶段，该教学法以交际理论为理论基础，并将写作过程看作一种群体间的交际活动，而不是写作者的单独行为。教师从关注学生的写作结果转变为关注学生的写作过程，并向学生传授具体的写作步骤。过程教学法强调教师在写作过程中要帮助学生发现、分析和解决问题，使学生及时地获得反馈，有助于学生精确地表达自己的观点。但是，过程教学法耗时较长，仅适用于英语语言基础较好的学生；学生间相互讨论的质量也难以确定，学生对文章体裁知识的掌握也不够深入。由此可见，过程教学法也无法满足现实的需求，因此，在20世纪80年代出现了体裁教学法。

体裁教学法是建立在体裁与体裁分析理论基础上而提出的一种教学法，要围绕语篇的图式结构组织写作教学活动，使学生意识到不同的语篇具有不同的写作目的和文本结构。但是，体裁教学法导致课堂教学以语篇为中心，课堂活动具有浓厚的"规定主义"色彩，不利于培养学生的创造性。

综上所述，成果教学法过于重视语言知识教学，忽略了对学生写作能力的培养。过程教学法注重写作过程，有利于提升学生的写作技巧，但忽略了体裁知识和语言知识的输入。体裁教学法关注体裁知识，并认为文章的写作目的和语言特征是由交际目的决定的，但它忽略了写作技巧的培养。由此可见，若将这三种教学法相互结合，学生便可以获得语言知识、写作技巧和体裁知识，最终，学者提出了过程体裁教学法。

过程体裁教学法是由英国斯特林大学的巴德格和怀特提出的一种综合的教学模式。过程体裁教学法不仅包括了成果教学法和体裁教学法的优势，即教师在写作过程中要向学生输入语言知识、情境语境和写作目的，使学生在写作时有话可说，弥补了过程教学法的不足；而且还突出了过程教学法的优势，教师向学生传递写作技巧，使学生知道在写作时如何表达自己的观点。

过程体裁教学法的综合性特点具体表现为以下几点：第一，既重视教学过程，又注重体裁学习。过程教学法强调写作的整个过程，但在教学中忽视了文章的体裁类别。体裁教学法突出体裁结构，但在教学过程中忽视学生的参与。而过程体裁教学法既强调写作的过程，又在教学中强调文章体裁的重要性。在写作教学中，教师指导学生明确写作目的、话语基调、范围和方式等，同伴对作文进行交流与反馈，充分调动学生在课堂学习中的积极性，师生之间的交流与反馈贯穿写作课堂。另外，在写作教学中，以语篇为基础对文章进行体裁分析，根据不同体裁的图式结构进行教学，引导学生掌握不同交际环境下的体裁特点。第二，既重视语言知识，又强调写作技巧。结果教学法和体裁教学法虽重视语言知识的学习，但却忽略了写作技巧的重要性。过程教学法将教学重点放在写作过程中的写作技巧，在教学中忽视了语言知识。而过程体裁教学法在教学中既重视语言知识，又强调写作技巧，两者在课堂上都可以兼顾。在写作教学中，范文分析时注重将语言知识与体裁相结合；在写作过程中，学生通过列提纲、写草稿、修改等环节获得写作技巧。第三，既能发挥教师、教材的指导作用，又强调学生在写作活动中的能动性。结果教学法和体裁教学法忽视了学生的主体地位。过程教学法激发学生在课堂中的积极性，但是却忽略了教师和教材的作用。而过程体裁教学法既能发挥教师、教材的指导作用，又强调学生在写作活动中的能动性。在写作教学中，教师和教材都能为学生写作进行指导与示范。同时在课堂中，交流与合作贯穿课堂始终，注重发挥学生的主观能动性。第四，关注学生的认知发展及语言习得。过程教学法"以人为本"，重视学生的发展，但却对语言知识的习得强调不够。体裁教学法能够帮助学生建构语篇的图式结构，但学生常处于被动状态。而过程体裁教学法在教学中关注学生的认知发展和语言习得过程，激发学生积极的情感体验。在写作教学中，过程体裁教学法注重培养学生的认知写作策略，如构思、选择与修改，以及元认知写作策略，如计划、监控和评价自己的写作过程。而在修改的过程中，学生能够对语言基础知识有了更深的理解，促进语言习得。

二、过程体裁教学法的原则及步骤

（一）过程体裁教学原则

第一，写作从交际出发。写作是一种由社会情境与交际目的等社会因素决定的交际工具。在教学时，教师应该让学生理解写作在本质上是一种交际活动。不同的体裁作文是不同社会情境和交际目的的产物，同时也是为应对不同社会情境和实现不同交际目的的手段。例如记叙文主要是为了让别人了解事情发展的过程及人物的经历；说明文为了说明事物或阐释道理；议论文则是为了发表自己的观点，以理服人。

第二，既强调语言知识，又注重写作技巧。在写作过程中，教师在向学生讲解范文的社会情境、交际目的等基础之上，分析语篇中的语言知识与特点，同时也注重向学生讲解写作技巧，在写作修改编辑的过程中培养学生的写作能力。通过教学，让学生做到有话可写以及知道怎么写。

第三，以学生为中心，教师为主导，激发学生主观能动性。在写作过程中，以学生为中心的教学理念认为学生是写作活动的主体，教师对学习者的写作阶段起指导作用，在写作阶段对不同学生的需求给予有针对性的指导，不断地激发学生的写作动力。

第四，注重输入和输出。在写作过程中，通过范文讲解、知识讲授、同学合作修改等环节，范文、教师和同学都可以成为写作的输入。在有足够的输入之后，学生通过独立写作、修改编辑等环节进行输出，提高写作能力。

第五，强调互动的重要性。在写作教学过程中，师生互动和生生互动的交流讨论方式贯穿于整个过程中，每一个学生都能够积极地参与到写作的过程中。互动的方式使写作教学氛围从枯燥乏味变得自由愉快。同时也让学生在课堂上积极思考，内化所学知识。

（二）过程体裁教学步骤

过程体裁教学的第一阶段是写作前信息输入，包括热身活动、范文学习和拓展学习三个步骤。①热身活动。教师在课堂开始时选择与课堂主题相符的活动进行热身，吸引学生的注意力。教师引导学生用汉语对课堂主题表达自己的看法，激活学习者的个体意识。在这个过程中以"说"促"写"，为后续写作输出做好铺垫。②范文学习。阅读是写作的源泉，范文是写作过程中的重要输入源。图式理论认为阅读输入的方式能够有效地促进图式的形成。在课堂中阅读特定体裁的范文，可以使学生对范文及体裁特点有初步感知。体裁分析理论注重语篇的社会文化和心理认知因素。教师结合范文介绍该类体裁并分析该体裁使用的社会语境及想要达成的社会目的。教师在分析范文时，以"语篇"为基础，从整体到部分、自上而下地进行教学。通过观察、提问、讨论、列提纲等方式，学生对该体裁的语篇结构有了一定的"图式"认知。在此基础上,将体裁结构和语言知识相结合,帮助学生有效输入范文内的词汇、短语、句式、语篇连接等语言知识。学生在此过程中循序渐进地对体裁形式及语言内容有了一定的输入。③拓展学习。在对特定体裁的范文进行学习后,教师拓展与该体裁有关的语言表达项目。例如记叙文中如何表达感受与表示观察,说明文中如何介绍人物或节日风俗,议论文中如何表明观点和态度。

过程体裁教学的第二阶段是写作中信息输出,包括模仿写作、交流与反馈、独立写作三个步骤。①模仿写作。教师布置与课堂主题有关的写作任务,有意识地引导学生使用在范文学习和拓展学习阶段获得的体裁结构和语言特点。模仿范文和运用相关语言表达项目进行模仿写作,学生在写作过程中对该体裁有了更加深入的理解,并通过输出检验自己的学习效果,内化知识。②交流与反馈。学生互相分析写好的写作段落,对内容、结构等表达自己的看法。教师在学生交流之后及时对学生文本及看法进行反馈,肯定准确、优美的词句与内容,修订出现错误及表达不够准确的词句。最后从语言、内容、结构、体裁等方面总结优点和提出改进的建议。③独立写作。学生根据所学体裁的相关题目进行独立创作,教师提醒学生在写作时按照写作要求,并且使用在课堂上学到的体裁结构、语言知识和写作技巧。独立写作充分体现以学生为主体的原则,题目的选择是开放性的,学生可以从与主题有关的多个话题中确定题目,也可以选择自己感兴趣的话题来写。

过程体裁教学的第三阶段是写作后修改反思,包括修改编辑、作文点评、定稿与总结三个步骤。①修改编辑。首先,学生对自己的草稿进行检查修改,强化学生的主体意识;其次,进行小组之间互评修改,讨论更好的修改方案,培养学生的读者意识。在修改编辑的过程中,学生拓展了写作思路,逐渐养成检查修改的良好写作习惯;并且在此步骤中同学们之间的互动性较强,取长补短,共同进步。②作文点评。由教师挑选学生典型作文中的语言要素、体裁知识等进行评改并及时反馈,纠正练习掌握较差的知识点。教师能够对学生的作文进行有针对性的批改和讲评,对具有代表性的共同问题进行讲解和练习。③定稿与总结。学生根据教师的反馈进行修改完善作文,最终定稿。学生对自己的写作过程进行回顾与反思。从初稿到修改稿再到定稿,学生总结在此过程中的得与失。同时教师倡导学生从课堂中的范文和同学们的优秀习作中学习,包括体裁知识、语言知识、写作技巧和学习策略。

三、过程体裁教学法对高职英语教学的启示

高职英语教学中应用过程体裁教学法不仅能提升高职学生的写作水平，而且能改变学生的写作态度，提升学生的写作兴趣，也给予教师如下的教学启示。

①改变学生的写作态度，培养学生的写作习惯。人常道："态度决定行为。"在英语写作教学中，要想提升学生的英语写作水平，首先，教师应综合多种教学策略改变学生对英语写作的消极态度，消除学生对英语写作的恐惧心理，向学生提供一些与日常生活密切相关的写作案例或范文，使学生感悟到英语写作与我们的日常生活息息相关，增强学生的写作兴趣，帮助学生真正地意识到英语写作的重要性，即英语写作是一种有意义的、具有使用价值的社会交往活动，旨在增强学生的写作自信心；其次，在写作教学中，教师应高效地引导学生掌握写作的语言知识和体裁知识。在同化阶段，教师向学生提供与日常生活密切相关的写作话题，呈现相关的写作范文，并引导学生归纳出该范文的写作结构。良好的学习习惯是促进学生发展必不可少的因素，因此，教师应不断地培养学生良好的学习习惯。在日后的课堂教学中，教师应引导学生去探索知识，去发现问题、解决问题，鼓励学生自己去搜集并整理写作素材，让学生自己做学习的主人，旨在培养学生主动学习的习惯。以英语议论文写作为例，教师应在课前要求学生去收集关于英语议论文写作的相关知识，并积累大量的语言基础知识；在课后引导学生用英语写日记或做阅读摘记，以提升学生的英语写作水平；同时，指导学生保存英语写作的素材，并将其作为考试前有效的英语复习资料。

②采纳因材施教的教学方法。过程体裁教学法对不同类型的学生具有不同的影响，该教学法能从文章结构、句型、词汇等方面促进学生的发展，使学生在文章结构方面取得明显的进步，这将为提升学生的英语学习兴趣产生巨大的推动作用。但是，教育的本质是促进每一位学生的发展，因此，教师应采用"因材施教"的教学方法，该教学法是由著名的教育家孔子提出的，即教师要根据学生的实际情况采用不同的教学策略进行施教，以使每一位学生都能获得最佳的发展。为提升每一位学生的英语写作水平，教师应对不同的学生采纳不同的教学策略。教师在英语写作教学中，应狠抓学生的语言基础知识，要求学生背诵基础的词汇、句型、短语等，并在课堂上鼓励学生运用学得的语言基础知识表达自己的情感。除此以外，教师也可以将不同类型的学生分为不同的小组，通过作业分层等方式，对不同类型的学生提出不同的要求，旨在提升全体学生的英语写作能力，促进全体学生的全面发展。

③教师要深入了解语篇知识。语篇类型作为英语课程学习的内容,不仅使学生有机会学习和掌握不同的语篇类型,如议论文、说明文、记叙文和应用文等,而且使学生能够把握不同类型语篇的特定结构、文体特征和表达方式等,有利于学生学会使用不同类型的语篇进行有效的表达,因此,教师也要认真研读和分析语篇的文体类型、篇章结构和语言特点等,引导学生在规定的语篇类型中,运用恰当的篇章结构和丰富的语言特点准确而合理地表达自己的观点。在英语写作教学中,教师要通过范文展示等方式,清晰地向学生阐述不同语篇的文章结构。以英语应用文写作中的邀请函为例,在第一段中,作者将要向被邀请者阐述活动的名称、活动举办的时间和地点以及邀请的理由;第二段中应陈述活动的内容和活动的意义;第三段向被邀请者致谢,并做出总结,并向学生渗透英语应用文写作中的社会情境语境知识,如话语范围、话语方式和话语基调,以帮助学生意识到写作是一种有规律可循的社会交往活动,旨在使学生在高效地获得英语语篇知识的基础上提升英语写作水平。

第五章　高职英语教学模式的改革

教学模式是基于完善的理论基础与教师在教学中的丰富经验，为有效达成自身学科教学目标，而在开展教学活动时形成的一系列教学指导方案。近年来，随着知识、技术、产业、经济的进一步发展，对具有高素质的技能型专门人才的客观需求使得高等职业教育人才培养受到各界关注，这也对高职英语教学模式改革提出了现实要求，因此，需要对高职英语教学模式改革进行深入研究与分析。本章分为分级教学模式、创客教学模式、情感教学模式、深度学习模式、分层教学模式、混合式教学模式、"输入—输出"教学模式、研究性学习教学模式八部分。

第一节　分级教学模式

一、分级教学模式概述

（一）分级教学模式的概念界定

分级教学是教师把学生划分成几组，将知识水平、能力水平和潜力相近的学生集中，根据学情定制相应的人才培养计划、教学大纲、教学方法，并提供相应的有针对性的指导，使每个小组的学生的学习效果得到体现，教学质量得到提高。

不同学生的知识层次、学习能力、学习潜力以及个人发展需求都不尽相同，分级教学正是根据学生在各个方面的差异，有针对性地为学生选择和制定个性、有效且能最大限度地帮助学生实现个人发展和提高的教学模式，是一种能够体现分类指导和因材施教理念的个性化教学模式。

（二）分级教学模式的理论依据

分级教学是建立在美国语言学家克拉申的 i+1 理论、瑞士心理学家让·皮亚杰的建构主义理论以及英国学者哈钦森和沃特斯的需求分析理论的基础上的。

1. "i+1"语言输入假说

美国语言学家克拉申的"i+1"语言输入假说认为，人们习得语言的唯一途径就是通过获得可理解性的语言输入。

英语分级教学的教学组织与克拉申的 i+1 理论相吻合，它根据不同层级学生现有的语言水平，指定不同的教学目标、教学计划、教学方案等，通过不同的教学活动安排，使教学内容和学生的知识水平相匹配，从而提高英语的有效输入。

2. 建构主义理论

让·皮亚杰的建构主义理论认为，学习的过程并不是学生将知识从外界搬运到记忆中，而是以现有的知识为基础，通过同外界的环境和刺激相互作用而构建内部心理表征和新图式的过程。这就要求学生在课堂中发挥主动性和积极性，投入思考和学习的过程中，以构建新的图式。

3. 需求分析理论

学习需求分析理论是由英国学者哈钦森和沃特斯提出的，该理论以学习者的学习需要为中心，对需求进行分析，在充分考虑学习者能力的基础上，由教师制定教学计划、选择合适的教学方法、组织有效的教学活动、完成相应的教学评价。

二、分级教学模式在高职英语教学中的应用

（一）分级教学模式的问题反思

尽管分级教学已经取得了一定的成效，但在教学过程中或多或少还是发现了一些问题，值得人们进行深刻的反思。

1. 师生对分级教学改革的认同感有待加强

部分学生对英语分级教学缺乏正确理解，认为进入低级或中级班学习伤自尊，从而对学习产生抵触情绪，甚至丧失了学习英语的兴趣和信心。有的教师已经习惯原有的齐步走教学模式，分级教学模式给教师的备课、教学设计、教学实施、教学考核都带来了全新的挑战，需要教师重新制定不同的教学方案，这无疑加重了教师的教学负担，因此，他们对教学改革产生了一定的抵触心理。

2. 教学过程管理难度增大

分级教学给教务管理部门排课、成绩录入和存档带来了很大的困难。靠人工手动排课需耗费大量时间和精力，与各教学院部之间需进行多次沟通、协调，编制学生名单、通知学生具体上课时间等，很容易产生教学疏漏。也加大了成绩录

入时的工作难度，考核评价以分级教学班为单位进行，而最终成绩要录入原自然班级，因此，录入程序较以往复杂了许多。另外，不同专业由于专业实训安排的周期不同，很容易造成英语课学生因故缺席的现象，给任课教师的正常教学带来很大障碍。

3. 分级依据亟需进一步完善

在大多数高职院校的英语分级教学中，仅以新生进校的英语摸底考试成绩为依据进行分班，没有充分考虑到学生个人的意愿和自身的发展，也没有将学生的思维能力、学习习惯、学习品质和学习态度等纳入分层依据，因此，分层的科学性有待提高。

4. 分级教学评价标准存在不足之处

高职英语分级教学应制定科学、合理、全面而又客观的教学评价体系和考核标准。然而，如何建立科学、合理的评价体系和考核标准仍然是顺利开展高职英语分级教学工作所面临的一大难题。进行分级教学测试时，不管是使用统一测试试卷还是使用分级试卷，都存在考核标准制定的问题。如果使用统一测试试卷进行学期测试，考试难易程度又不易把控，低级班学生认为试题难易程度适中的试题对高级班学生来说往往可能会太过于简单。反之，适合高级班学生能力水平的试题对低级班的学生来说难度往往又太大。

因此，使用统一测试试题进行分级教学测试不太科学合理，学生容易质疑考试的公平性，并且也很难真实地检测学生的实际语言知识、能力和水平。而使用分级试卷进行教学测试则往往带有一定的随意性，由于对不同等级测试试题的难度标准界定比较模糊，容易造成学期测试试题的难度与学生的分级水平脱钩，导致教师难以对不同层级的学生在不同难度的测试试题中取得的分数进行比较衡量，不利于形成良性竞争的英语学习氛围，教学评价标准的科学性和合理性值得怀疑。

（二）分级教学模式的应用策略

分级教学模式在高职英语教学中的应用，可以从以下几方面着手。

1. 制定科学合理的分级标准和教学目标

制定全面、综合、科学而又合理的分级标准是高职英语分级教学高质量开展的前提和保证。美国著名语言学家克拉申认为只有在获得大量的可理解性的语言输入，且输入材料略高于学习者现有的能力水平时才能顺利实现第二语言习得。传统高职英语教学的目标基本围绕学生顺利通过考试而开展，在教学中以教材教案为基础，以知识考核点的灌输和训练为内容，让学生被动接受知识，这不利于高职英语教学质量的提高。因此，高职英语开展分级教学时要制定科学、合理的分级标准，避免分级标准的单一化和测试成绩的片面化。只有准确测量学生当前的语言知识能力水平，把能力水平相近的学生编排到同一个班级进行教学，才能高质量地完成高职英语分级教学的目标。学校在新生入学后可以举行一次统一的英语分级测试，对学生的英语听说读写译能力进行全面检测，通过测试分数大致了解每个学生的英语能力水平状况。

在进行分级教学时避免传统的"一刀切"式教学，学校应综合考虑学生的高考成绩和入学分级测试成绩，对学生的英语综合应用能力和水平进行全面评价。根据学生的实际英语知识应用能力和水平情况编入对应的级别进行教学，从而增加测试数据的精确性和可信度。

2. 选定恰当的教学内容

为了能够达成分级教学的目标，需要为每个层级的学生提供相应的教学内容。例如，美国语言学家克拉申就曾经指出，在语言学习的过程中，需要确保语言学习材料的难度略高于自己的英语水平，这样才有利于知识的获取。因而这就需要学校将教师组织起来，共同进行校验，以此来分析每个层级学生的教学需求。举例来说，对于低级班学生而言，在教学内容上，应当以统编教材为主开展教学，重视基础知识，为学生夯实英语知识；而对于中级班学生而言，同样应采用统编教材，但是在此基础上结合学生的英语水平进一步选择其他教学材料来提高其英语综合应用能力；对高级班学生而言，可每学期增设一定学时的内容以供学生自主学习，在学生达到英语四级水平之后，可以让学生按照自己意愿来选择英语选修课程，如通用英语、专用英语或跨文化交际等，并且在此基础上，适当加入英语文化、文学鉴赏等方面的知识来充实教学内容，在教材的选择上，可选用校本教材。

3. 建立完善的教学评价体系

目前，国内高职英语教学评价往往只着重强调学生的测试成绩而忽视英语学习过程，这种静态测试方式不利于学生个性化自主学习能力的培养，与高职英语教学目标不符。因此，在高职英语分级教学评价中引入动态评估的理念已势在必行。动态评估能有效解决静态测试存在的种种缺陷，在教学评价中进行动态评估不仅可以全面反映出学生在英语学习过程中语言能力应用水平的发展情况及学习潜能的发挥状况，为学生学习策略的选择提供有效支撑，而且还可以为教师提供及时、准确、可靠的信息反馈，帮助教师有针对性地改进教学方法和策略，提升分级教学质量。

4.强化配套教学保障措施

（1）做好教学宣传

从本质上来看，分级教学就是将学生按照学习基础和学习能力分为多个层次来进行的教学。很多学生在被编入中、低级班之后很容易产生一些负面情绪，这就需要在分级教学的过程中同步开展教学宣传，以学生心理需求为出发点，对学生的心理进行疏导，从而让他们对分级教学有一个更加理性的认识，让学生认识到，这对他们的学习而言是较为有利的学习方式。与此同时，任课教师和学校的教学管理部门也应当做好宣传工作，很多教师实际上对分级教学也是缺乏理解和认识的，这就需要让教师对分级教学的必要性和理念有充分的了解，并且让教师能够更多地了解其他学校的先进经验，这样才能在实际教学工作中达到较好的效果。

（2）建立网络学习平台

在很多高职院校中，英语分级教学模式一般为一周四节课堂授课加一节网络自主学习课，网络自主学习更加有助于培养学生的探究性，引导其掌握个性化学习内容，从而让以学生为主体的教学理念得到体现。为了避免线上自主学习流于形式，就需要建立起一套完善的网络学习平台，例如，可以在校园网内搭设英语学习系统，从而为学生的学习提供足够的便利。

（3）建立科学高效的考核体系

为了能够确保分级测试的公平性和科学性，能够真实地体现出学生当前的真实英语水平，从而为分级教学的开展提供可靠的参考依据，可以建立一套完善的分级测试题库，提高入学分级考试的科学性，这对分级教学的开展也有一定的积极作用。

（4）建立高水平教学团队

分级教学的开展离不开一线教师的工作，英语教师的素质对教学质量有着决定性作用，因而需要建立适合学校的分级教学师资队伍体系。有学者认为可以按照学生的分级来分配师资,并且确保不同组别的教师都有相同的教学目标,这样可以给教学管理提供足够的便利,有助于制定教学进度。同时,同一分组内的教师也可以就教学方法等问题进行交流。

第二节 创客教学模式

一、创客教学模式概述

(一)创客教学模式的概念

美国政府发布的《创客教育计划》中指出,要注重孩子在创客教育中的学习过程,注重培养孩子们的创新能力,培养他们的学习兴趣,让每一个孩子都有机会参与项目制作,人人都能成为创造者。

在我国,创客教育虽然在各个中小学广泛开展,但是理论基础仍有待进一步完善,所以,国内创客教育自受到学界关注以来,已在国内形成多种学术界定。如有学者认为创客教育是为了培养学生的创新能力和动手实践能力,而中国电子学会则认为创客教育是一种以学生的兴趣为导向,利用数字化学习工具和资源开展的教学活动。

纵观国内外学者对创客教育的定义,可以将创客教学模式定义为一种以学生的兴趣为导向,秉持做中学的教育理念,在数字化学习环境和工具的支持下开展教学活动的教学模式。其旨在培养和发展学生的高阶思维能力,倡导让学生从日常生活出发,从生活中的问题和需求出发,在生活的点滴中寻找灵感和创意,最后将创意变为实物,以此来增强学习者对于知识的迁移运用能力。

(二)创客教学模式的特点

创客教学模式虽然没有明确的定义,但通过归纳相关理论的相同点,可以发现创客教学模式具有以下三个特点。

1. 技术性

大部分研究者在实践创客教育过程中都有运用到相关科学技术,使用图形化编程、开源硬件、3D打印等技术的项目式学习也比较常见,也就是说,技术是创客教学模式的一个差异化特征。因此,创客教学模式是技术性的。

2. 实用性

众所周知，创客教育强调"创造"。我们希望通过创客教育，学生可以将自己的创意变为现实，变成有形的作品，在这个过程中，学生需要自己去实践。可以说，动手实践在创客教育中无处不在。这意味着，没有实际的练习就不能称为"创客教育"。

3. 开源性

创客文化中最核心的理念在于"不共享，不创客"，这里所说的开源也就是共享，这也是创客教学模式的最大特点。创客教学模式中的开源旨在鼓励创客分享和交流各自的创造力和作品，让更多人了解它们，并允许他人修改作品，或提出建议。创客教育就是希望人们能在学习中分享，分享中学习。

（三）创客教学模式的形成与演变

在历史的长流中，时代的更迭正是因为新思想的出现。人们开始萌发新思想，敢想、敢做，努力将自己的想法变成现实，他们就可以称之为"创客"。创客这个团体是非营利性的，具有创新、实践、探索、分享、自由、开放、民主、合作的特点，基于强烈的兴趣，相信凡是有能力在不畏困难的情况下取得突破的创造者、设计者和实施者，都可以被称为"创客"。创客们不受任何限制，可以在线上或线下分享他们的成果，所以，创客运动可以说是依托于信息化技术，在互联网等信息技术的支持下，每个人都可以利用身边的一切资源，如科学家、发明家等，将创意灵感变为现实并进行交流多方信息，例如，世界各地的创意计划、流程和实现成果。

在强调个性化发展的今天，教育者们也是始终在考虑教育的差异化、个性化，并一直在探索此类教学方法和模式，随着创客教育的兴起，恰当地整合了科学技术和教育资源，逐步改变着教育者们的教育理念、目的、方法等。

创客的发展时间不长，但它是根据一些成熟的教育理念演变而来的，包括美国教育家杜威的"Learning by Doing"体验式教育理念、DIY（Do It Yourself）理念、创新教育理念、混合式学习理念、快乐教育理念等。

1. 体验式教育理念

在体验式教育理念中强调学生是学习的中心，教师只是作为导师的角色，将知识与现实生活进行联系，增加学生的参与度，使学生能够积极参与到情境学习中。

此外，体验式学习注重学习的过程，不强调学习结果，学后评价和反馈非常重要，而后续的反思和改进是体验式学习中最重要的因素。注重过程和反馈的体验式教育理念是创客教育的基石，也是重要组成部分。

2. DIY 理念

DIY 这个概念顾名思义就是"自己做"，不需要专业的培训，也不需要专家的指导。DIY 的概念注重学生的动手能力和学习的实际效果。人人都能自己动手做。最重要的是，你能否亲自动手，是否能够将你的创意转化为实际效果。DIY 的概念也是创客的创意，许多创客都是从 DIY 爱好者走向创客的。

3. 创新教育理念

创新教育是指按照社会主义现代化建设的需要，以促进青少年创新精神、创新能力和创新人格为目标的教育。在我国，创新教育是 1998 年中央教育研究院正式提出的。在当时引起了教育界的极大共鸣，有力地推动了我国教育改革的进步。创新教育认为，每个孩子都可以成为人才，在具体实施中的表现形式不同，创客教育是其中之一，但其最终目的是培养学生的创新人格。

4. 混合式学习理念

混合式学习也是近年来教育界的一个新概念，对这一概念最传统的解释是混合式学习是在线学习和面授教学的结合。一般来讲，混合式教学就是在传统教学方式的基础上结合信息技术的手段，可以基于网络空间学习、电子书包等形式进行融合学习。因此，可以认为混合教育充分融合了教育元素，主要包括教学者与学习者的融合、学习者与学习环境的融合、学习者与信息资源的融合、学习者与教学法的融合。

5. 快乐教育理念

英国教育家斯宾塞的快乐教育理论，其核心就是想让孩子成长为快乐的人，倡导学习过程应该是快乐的。强调教学过程应顺应学生智力的自然发展，即从简到繁、从具体到抽象的发展。课程的每一部分都应该从假设开始，经过观察、推理、实验得出结论，教师在活动过程中是参与者和观察者，尽量不要打断学生的思考和讨论，在探讨中得出的知识，会激发学生的学习兴趣和成就感，让学生愉快地学习。与传统教学相比，斯宾塞对心理规律、兴趣、实验等方面的重视，无疑是教育革新，人们终于开始意识到顺应人类发展进行教学，才能走得更高更远。这也为培养当前创客教育中学生的兴趣和动手能力提供了参考方向。

二、创客教学模式在高职英语教学中的应用

（一）创客教学模式的应用优势

创客教育不仅是一种教学理念，还是一种有效的教学方法。与以往传统的教学模式相比，创客教学模式更加注重学生的兴趣能力培养和情感意识表达，所以，教师在英语教学过程中渗透创客教育，在一定程度上能使高职学生学习到更多的英语理论知识，激发学生学习英语的兴趣和热情，培养学生的英语学科素养，为学生将来的发展打下坚实基础。

1. 有利于转变教师教学观念

在以往的高职英语课堂教学过程中，大部分课堂教学模式都是教师在讲台上讲，学生在台下听或者记笔记，教师教授英语语法知识，学生则跟随教师的讲解和引导被动地学习英语语法知识。在这种课堂中，不同层次的学生对教师讲解的内容的掌握程度会有明显的差异，有些学生可以很轻松地掌握教师所讲的知识，有些学生却稀里糊涂，不知道教师讲了什么，收获自然就很有限。

在高职英语课堂教学中渗透创客教育，能够将学生放在英语课堂的主体地位。教师可以通过多媒体技术与学生一同观看英语课件，这样学生在教师一步一步的讲解中能够更好地理解英语理论知识。长此以往，教师的教学观念也会发生转变，学生对英语学习的态度也会发生改变。

2. 有利于活跃课堂气氛

英语作为高等教育阶段重要的语言学科，对于部分高职学生来说是有难度的。英语学习需要积累和掌握大量的英语单词，还要熟悉各种英语语法知识。对部分学生来说，英语是一门非常枯燥而且有难度的学科，基于此，这些学生很容易产生厌学甚至放弃学习英语的心理。教师应充分融入创客教学模式，让课堂氛围变得轻松且有趣，这样学生才能更愿意学习英语，认为英语学习也并不是特别难的事情。不仅如此，教师还可以运用 PPT、视频等技术辅助英语教学，不断指导学生的英语学习方法，这样不仅可以提升学生的逻辑思维能力，还能使学生更加直观地了解和掌握英语理论知识，久而久之，学生就会在有趣的英语课堂中学习到更多英语知识。

3. 有利于提升学生的创造力

高职学生的思维比较活跃，求知欲较强，想象力也非常丰富，但同时，部分

高职学生的自主学习能力又比较差。针对高职学生的这些特点，教师应该保护学生的探索欲、求知欲，提高他们的创新思维能力，让他们养成团队协作、独立思考和自主学习的习惯，不断挖掘他们的潜能，促进他们全面发展，使其养成终身学习的习惯。而创客教育培养的就是创新精神和团队合作学习、共同解决问题的能力。在进行创客教育的过程中，教师可以有意识地为学生发挥丰富的想象力制造条件，满足他们的求知欲望，让他们形成自己的独特见解。学生在合作学习共同完成项目时，还可以提高实践能力、创新能力、独立思考能力、自主学习能力和团队合作能力，创造力也会在不知不觉中得到锻炼和提高。

（二）创客教学模式的应用策略

1. 注重创客教育概念，培养学生学习兴趣

"做中学、学中做"是创客教育需要坚持的原则，教师要站在学生的角度制定课堂的教学计划，遵循创客文化的特点和形式，开展以学生为主体的教学主题活动。传统的英语课堂中，教师主要给学生讲解教材知识，难以激发学生的学习兴趣。为了响应"创客教育"的号召，教师要带领学生参与课外实践，让学生从岗位中提升自己的英语专业素质，丰富自身的英语知识体系，发挥出自己个性化的学习优势。高职院校也要做好教师的教学指导工作，不断引入宣讲会和教师指导会，以此增强整个教师队伍的从教水平，为学生提供更加有效的学习环境。

"创客"一词，最早源于英文单词 maker，这是一个广义上的解释，代表着勇于创新的一群人。无论是什么类型的语言学科科目，都需要学生具备一定的创新素质，这样才能合理运用所学知识，提升自己的综合能力。更何况是英语这门复杂的语言学科，教师要做好指导教学工作，让"大众创业、万众创新"成为当前的课堂学习主题，让学生在学会英语的同时，经历一个"自主创新、勇于实践、合作共享"的学习过程。

在制定教学方案之前，每个学生都可以提出自己宝贵的意见，教师也要多和学生沟通，多给学生推荐一些英语文本，师生共同创设有价值的学习环境。由于学生从小的学习环境不同，基础好的同学要带领基础薄弱的同学，激发他们的学习兴趣，提升学生的学习自信心。教师也要及时调整教学进度，以达到师生"共建、共享"的英语教学目的，推动英语课堂发展。

2. 深挖教材内涵，拓展教学内容

在创客教育大背景下，高职学生需接触大量与英语题材有关的内容，确保学

生将教材中的英语理论知识与实际生活进行更高效的融合。受应试教育理念影响，一些教师只是单纯对学生讲述课本上的知识，但却对拓展教学有所忽视，这局限了学生的思维，不利于学生英语核心素养的提升。因此，教师应突破原有的教学理念，对学生进行拓展教学，丰富学生的英语学习内容，也可使学生从多元角度理解英语知识，掌握更多英语学习技能。教师可结合教学主题内容对学生进行延伸教学，在学生理解教材内容并深挖教材内涵的基础上，教师可鼓励学生以组为单位，根据学习内容，在网络上搜集相关的内容，包括动静态画面、声音资源等，并在学生间进行互相交流，也可根据自身的需求，互相交换需要的学习资料；还可以结合课文主题对课文进行延伸式表达，将自行搜集的资料与课文内容进行有机融合，包括续写课文或用口语将拓展内容进行表达等，这些都可有效提高学生的英语自主学习能力，培养学生的协作学习意识，让学生的英语学习能力得到多元化提升。教师还可在班级内部开展小型的评比活动，对于创意优秀，且与教材内容有机融合效果最好的小组，教师应对其进行精神与物质的双重奖励，以此作为激励；还应让本小组学生逐一讲述创意的过程，并鼓励其他组别的学生与本组学生进行交流。这样不仅会提高学生的沟通能力，也会整体上提高小组成员的表达能力、分析思考能力，这也体现出创客教育理念协作学习的价值和优势。

3. 培养创新精神，加强课堂锻炼

创客时代要求学生富有创新精神，教师可以依据教学要求，为学生设计适合他们发展、符合他们学习实际情况、科学的目标，对学生的学习进行相应的引导和教育，同时还要注重用多样化的教学方式满足学生个性化的需求。教师可以把课内和课外结合起来，在课堂上学生可以根据教师提供的课题进行辩论、自由交谈，使学生在学习时有明确的目标，而不是"眉毛胡子一把抓"。根据这些目标，学生不断优化自己的学习方式，深入地进行自主学习，大胆地创新，发表自己的看法，表达自己的观点，提高学生对英语的掌握能力，增强英语的实际运用能力。在课外，教师可以使用相对轻松、有趣的方式为学生展示自己的才华提供一个良好的平台，如英语演讲比赛、英语歌唱比赛、英语写作大赛、英语戏剧表演等。学生可以突破固定的形式，不拘泥于过去既定的思维，没有条条框框的限制，自由发挥自己的想法和创意。例如，当学生学习一定量的动物单词后，教师就可以鼓励学生根据这些单词创造一个情景剧进行表演，在情景剧中学生可以分别饰演不同的动物角色，如有的学生演熊猫，有的学生演小鸟，有的学生演兔子，根据学生的表演让其他学生猜他们所扮演的角色，进行角色扮演的学生可以大胆发挥出自己的想象。在表演过程中，可以发现有的学生会根据动物的特征进行表演，而有的学生想象能力非常强，让教师和同学都非常惊喜。通过这些富有创新意味的表演，教师发现学生的思维非常具有发散性和灵活性，我们应该相信他们，多给他们创造表演的机会，提高他们的创新能力。

第三节 情感教学模式

一、情感教学模式概述

（一）情感教学模式的概念

所谓情感教学，从根本的含义上说，就是指教师在教学过程中，在充分考虑认知因素的同时，充分发挥情感因素的积极作用，以完善教学目标、增强教学效果的教学。它不是一个独立的教学模式，并不排斥其他认知性教学模式，综合运用是对其他教学模式的完善，只有在这样的教学活动中，认知因素和情感因素才能得到和谐的统一。但从现实角度上说，情感教学是对教学实践中长期以来所普遍存在的重认知因素、轻情感因素的不合理现象的一种矫枉。因而，它着重从知情交融的教学活动中的"情感"角度来分析教学现象，提出相应的教学理论和教学方法。

具体地说，情感教学模式包含了四层含义：其一，在强调教学中的情感因素的时候，并不意味着对教学中的认知因素的忽视，恰恰相反，而是在继续强化认知因素的同时，充分重视和加强情感因素在教学中的地位和作用，力求形成以情促知、以知增情、情知互促并茂的教学格局；其二，情感对于人的实践活动的作用具有两重性，在一定条件下情感会发挥积极的效能，而在另外的情况下，情感则会产生消极的影响，因此，在情感教学中，教师应操纵教学变量，创设条件使情感朝着积极的方面发生作用；其三，情感教学首先把情感作为目标，把陶冶、培养学生良好的学习情感、高尚情操作为教学目标不可缺少的组成部分，以此来完善教学目标；其四，情感教学又把情感作为手段，通过改进教学的各个环节，让情感在教学促进学生各方面素质发展的过程中充分发挥积极的作用。

（二）情感教学模式的特征

1. 兴趣性

情感教学模式的兴趣性是指在课堂之中营造能让学生情感得到满足的愉快氛围，让学生从这种氛围中产生求知的欲望，使其能够主动学习、吸收、思考课堂内容并转化为自己的理解。在教学过程中，教师要厘清知识点，结合丰富的、现代化的教学方式，以及教师丰富的情感表达来为学生搭建一个情感共鸣的空间和氛围，让学生能够在其中激发自己自身的学习主动性。情感与情境总是互为一体的，当人身处放松、快乐的环境之中，就会更容易接收到信息，从而发挥最佳的记忆力，提升学习效果。因此，激起学生的学习兴趣是至关重要的。

兴趣是最好的教师，一旦学生对知识产生了兴趣，那么在后续学习和吸收上将会有质的提高，并且能对这些内容产生更加深刻的理解。情感教学的兴趣性具体也表现在教师的教学过程当中，使教学内容源于生活，又将实际生活融入教学，充满趣味性，让学生成为学习的主动掌控者。除此之外，这种教学模式还会激发学生对于课程之外内容的兴趣，使得他们获得全面发展的潜力。但在实际的情感教学中培养学生的兴趣也要做到合适的取舍，对于正向积极的、推动学生健康良好成长的兴趣取向要重点发展，对于一些不符合学生实际发展的兴趣取向，教师要在课堂中及时发现并予以引导。

2. 实践性

情感教学模式的实践性就是学生要真切地感受实际生活，教师以正确的情感认知作为引导，鼓励学生积极参加社会实践，在实践中完善情感教学。情感教学是教学中的重要支撑，需要教师和学生双方接受彼此，在生活中信任彼此。情感教学模式的实践性需要情与境相结合，加强理解和感悟。所以，教育者在设计教学内容时，通过情感释放、筛选教学内容、分析当前实际社会现象，尽可能还原学生实际生活，让学生以自己经历去感受现实生活，分析问题，充分保留个人特色。

所以，情感教学的实践性要以学生情感诉求为首要目标，通过一定的课堂教学手段来进入学生的情感世界，以此更好地让学生接受课堂所教授的内容。所以，必须依赖于教师对学生真实的情感投入，是一种从外部向内部的积极的"情感注入"。

3. 创新性

情感教学模式的创新性是指教师在实际课堂中要具体事物具体分析，结合实际的课程内容，在这基础上创新教学方式，在不同内容中有针对性地插入情感因素，这些情感因素最好是动态的，是时刻符合最新未来走向的内容。教师可以使用分解递进式的教学方式，积极引导学生深入探索问题、揣摩问题，激发他们的创造才能与激情。社会智能化的发展，致使人情逐渐淡化，国家层面已经意识这一点，并在新的课程改革要求中将情感教学提到了重要位置，目的就是培养学生对事物形成正确的情感认知。

情感教学运用于教学中展现出非常明显的创造性。这种创造性有着巨大的意义和作用，它可以极大地启发学生的创新性思维，激发学生的想象力，让课堂重新焕发生机。在情感教学中，师生双方处于同水平的情感交融中，学生形成对教师的情感定向，教师要在一次一次的教学中维持这种情感依赖和好感，变相地提升学生学习效率和知识的吸收转化效率，同时还能深刻感受到教师在这一过程中所体现出的正向积极的情感因素，这样会帮助学生形成更好的情感认知。

4. 主体性

情感教学模式的主体性是指在教学过程中教师要充分考虑学生的主体性，承认学生掌握知识的主动探索权，通过尊重、信任学生的教学方式发挥情感因素的积极作用去引导学生积极、主动地学会知识，学习做人。这正是美国心理学家罗杰斯的"以学生为中心"的内涵。情感教学在一定程度上可以促进学生情感正向健康和谐的发展。这直接影响学生的情感价值观和情感体验，间接影响学生对教学内容的感兴趣的强烈程度以及自身的学习热情。教师充分肯定学生的主体地位，意味着学生需要能动地、独立地去完成学习内容，达成既定的学习目标，教师需要为学生创造更多的学习机会和引导学生感知真正的学习价值。

教师不仅要意识到学生是教学过程中的接收主体，还需要通过语言指引和肢体渲染从情感上让学生参与课堂，打破沉默安静的课堂教学法则，从而改变学生被动学习的认知价值理念。这有助于学生主观转变思维的局限性，辩证地认识客观事物。

5. 亲和性

正所谓亲其师、信其道，教师的亲和性主要指教师以自身高尚的综合魅力感染学生，具体体现为教师的理论魅力、教学魅力、情感魅力。首先，教师的理论魅力是指教师既能够在课堂上引经据典，又能将理论知识与时政热点、自身实际相联系，一改学生们心中空洞说教的印象，增加学生们对课程的亲切感。其次，教师的教学魅力是指教师在传授知识的过程中，注重研究思路和情感教学技能的运用，如教师教学方法的灵活运用、充满亲和力的语言与眼神的表达等，有助于创造可亲的课堂氛围，提升课程对学生们的吸引力。最后，教师的思想情感魅力特质是指一名教师自身必须具有强烈的社会责任感，要言行一致，教会广大学生们正确的思维引导方法，以此充分激发广大学生学习的主动积极性。

二、情感教学模式在高职英语教学中的应用

（一）情感教学模式的实施原则

情感教学作为课堂教学中的一种积极因素，在运用于实践时，要遵循相应的原则，并不是像水和空气般没有形状、没有规则的，一个好的情感教学过程必定遵循了相应的情感教学原则，去完成教学目标、提升教学效果，最终促进学生的情感发展。

1. 寓教于乐原则

此原则是指教师在教学活动过程中，让学生主动地完成学习任务及配合教师完成设置的教学活动、重视课堂可变因素，在实际课堂中，教师引导学生形成正向积极的情感素养。积极的情感态度价值观可以让学生怀有快乐积极的心态进行学习，变相减轻教师的教学压力，让教师有更多的精力投入学生更深层次的情感表达中，在这种正向反馈下，师生双方都能获得有效提高。在情感教学中，教师要重点观察学生的实际学习表现反馈，对于反馈教师要做出正确的判断，要能够分析出学生对于自己所开展的情感教学内容产生负反馈的原因所在，教师在获得这一信息后积极采取行动和措施来改善这种情况，针对特殊情况可以在课堂中根据学生实时的情感表现进行及时调整。

教师在教学过程中要遵循寓教于乐的原则，让学生时刻保持着与自己情感互动的积极性和有效性，使学生能够更加积极地参与到课程内容的交流中来。

2. 以情施教原则

这是情感教学原则体系中最具代表性的一条原则，即要将自己饱满积极的情感融入自己所教授的知识中，以情动人，用情感方面的力量来感化学生，让他们接受更为先进的思想观点。这条原则对一线教师提出了较高的要求，要想保证课程内容的有效传播就需要教师在每一节课中都能有充沛的精神，游刃有余地控制情绪，让自己的情绪始终和学生保持在同一频率上，达到以情促学的效果。

教师在课堂中要遵循以情施教的原则,利用情感的小故事,让学生可以穿越时间,突破空间的限制,短暂地与故事中的人物情感交错,以情感贯穿教学全过程。

3.情感交融原则

这一原则是指教师应重视师生人际交往中的情感因素,努力以自己对学生的良好情感去引发学生的积极情感反应,创设师生情感交融的氛围,以发展和谐的师生关系,优化教学效果。教师活动是师生之间的一种特殊的交往活动,师生之间的情感关系贯穿于教学全过程,渗透于一切师生关系中。情感教学不仅重视师生间的各种关系,而且格外强调渗透在各种关系中的情感因素,竭力倡导师生间的情感交融。它包含三条教学原则:第一条,教师在教学过程中应怀着对学生的一片爱心来促进师生间的人际情感交融;第二条,教师在教学过程中应怀着对学生的一片爱心来促进学生间的人际情感交融;第三条,教师应重视教学外师生的交往活动,怀着对学生的一片爱心来进行教学,促进师生情感的积累。

(二)情感教学模式的应用策略

1.抓住情感教学的基本理念

教学理念是教学行动的指导,教学理念对教学起着领导作用,教师的教学理念是在教学实践活动和自身的思维发展中形成的具体观念。从某种意义上说,教师的教学理念决定了教师的行为、教学质量和教学效果,教师只有抓住了情感教学的基本理念才能更好地践行情感教学,从而培养学生的情感意识,以情施教,落实情感目标,和学生一起回归生活感受生活中的情感因素。

(1)转变传统教学理念,注重学生情感意识培养

注重情感意识的教学是指在课堂教学过程中,教师要主动为学生搭建良好积极的学习环境,处理好教学中的情意关系,发挥情感因素的积极影响,让学生在课堂中形成良好丰富的情感反馈,使他们在愉悦融洽的氛围中吸收和学习课堂知识理论,使得他们在今后的学习生活中能够始终保持一种积极好学的情感状态,发展学生内心潜藏的丰富情感,激发其求知欲和探索精神,促使他们形成独立健全的人格和健康的思想意识。

教师担负着培养学生情感意识的重任,所以教师的教学理念对学生情感认知的养成有着直接影响,为此高职英语教师必须及时转变自身的传统教育理念,紧随时代的步伐,重视学生在教学中的地位,并且积极担当起一个引导者的责任,提高学生的情感感知力。教师在培养学生情感意识的过程中要注意正确处理教学

中的情感因素，构建起学生情感与课堂知识之间的联系。因此，要积极发现教学中存在的情感因素，同时要转变传统的教学理念，提升学生的主观能动性。教师应从自身的情感认知培养做起，通过道德榜样作用，为学生树立起学习的榜样。

（2）以情施教，推动情感教学目标的实现

所谓教学，简单来说就是师生互动、你来我往的过程，在这一过程中双方的情感是紧密相连的。良好的教学效果是以教师自身的情感为出发点的。在课堂教学中，教师丰富、高昂的情绪会影响学生，激发学生的积极乐观心态，培养其对所学内容的兴趣。与此相反，在教师低落情绪的影响下，学生的学习情绪也会受到感染，导致他们接受知识的能力呈明显下降趋势。教师情绪的合理调节是教学过程实现良性循环的催化剂。师生之间的情绪传递、感染是相互促进的，当教师用积极情绪感染学生时所营造的愉悦放松的课堂教学气氛更会反作用于教师自己，进一步促进教师快乐情绪的产生。在这种快乐情绪的作用下，教师往往"思如泉涌"产生新的教学灵感。

因此，高职英语课在情感教学中以情施教，要将内心最真挚最赤诚的部分投放到日常的备课教学之中，这种情感的投入会让学生在课堂中潜移默化地感受到教师真挚殷切的情感，与之产生情感共通，通过自己饱满的热情去打动受教学生的纯洁心灵，去激发学生的学习热情，并且在这种情感氛围中学生掌握的知识也更容易转化为他们自己深刻的理解，从而达成教学中设定的情感目标。

（3）回归生活，发现感受生活中的情感因素

在生活中去发现寻找真实的情感会更容易引起广大学生群体的共鸣，这就要求教师在情感教学中，尽量贴近生活、在简单的人际交往中感受生活的烟火气息，从学生的真情实感出发去进行课堂教学。当前高职英语课的情感输出更多地停留在抽象的教材讲解上，学生很难与之共鸣。所以，在情感选择上要选择贴近学生生活的日常小事，选择他们当下亲力亲为的事件作为切入点，这样更容易让学生在课堂中接受这种情感因素，让他们感受到身临其境，从而增强课程内容的主题表达，例如，以职学生对于友情以及亲情的看法为切入点，突显英语教育的实用性。

英语教学的理论源于生活，并在此基础上升华提炼，既是丰富的，也是立体的，而实际生活是丰富多彩、变化多样的，不是骨感虚无的，因此，要花时间去感受。所以，英语教学的理论不能走向形而上学的道路，要始终围绕生活，结合生活，通过生活中的各种细节来完善提高。

教师在教授英语课时要注意不要把英语知识置于让人望尘莫及的空中楼阁，而是要结合实际生活，通过实际生活来展开对相关理论知识的阐述，这样教师也可以更好地将自身的情感因素充分地加入课堂知识中去，增强课堂感染力，让学生对课堂中的知识产生亲切感，以此来取得较好的教学效果。

2. 采用多种教学手段，巧用情感教学艺术

教学过程中教师要善于运用多种教学手段，对内容的把握不仅要注重科学性，还要注重说服性；要用一些可听、可见和可感的内容让学生产生兴趣，并接受教师的观点；要注重用有魅力和感召力的语言、行为表达方式，将抽象的内容融入生活，使其具体化，既要通俗易懂，又要简练概括，可以利用多媒体进行辅助，强调与学生思维的契合与共鸣。以此，让学生在英语课中感受到一种强大的精神力量和情感力量。

（1）运用生动有魅力的行为表现激发学生的情感共鸣

教师的教学行为要具有感染力，利用生动形象的动态语言和静态语言，能更好地激发学生内心的情感，掌握丰富多彩的内容。教师要以激昂的情绪、饱满的感情、有神的目光以及有声语言和无声语言相结合的方式，引起学生的情感共鸣，使学生接受、感受英语课堂。

在英语课堂教学中，要善用行为辅助情感教学，使学生在学习中获得积极的情感感受，教师和学生之间就会自然而然地产生情感共鸣。在英语课堂教学中，要想提高教学效果，师生情感共鸣是非常有效的途径，同时也是提高学生英语应用能力的重要途径。因此，我们要创造更多让师生产生情感共鸣的机会并且抓住这一点，在课堂上设置更多的情感互动活动，让这种共鸣能够在课堂中更长久地存在，让学生能够充分感受到教师积极正向的情感，以这种情感导向来引导学生向正向积极的方向靠拢。

（2）采取生活化片段教学方法，创造学生积极参与机会

生活化教学的重点是要将课堂内容内化到实际生活中，让学生在课堂中不自觉地联想生活中的案例，进而帮助他们在生活中学习，进而获得鲜活有用的知识。高职英语课具有较强的学科生活性，教师要充分利用好课程特性让每个学生都可以参与教师的课堂教学活动。

在教学过程中，教师需要注重课堂教学与生活背景相结合，切勿虚空，让学生在生活里感知教材，形成对知识的亲切感和真实感，以此来更好地激发他们的

学习兴趣，进而提高自身的学习主动性。教师应该多观察学生的真实生活，将日常小事设计成为吸人眼球的日常生活片段，并把它转移到讲台上进行重新展现，增加学生的亲切感，促使学生始终保持学习该课程的内驱动力，使得学生能够真正投身到对知识内容的学习中来。

（3）教师应利用现代信息技术营造课堂的情感氛围

随着现代化信息技术广泛地运用到英语课的教学中，教师的恰当使用能有效地将死知识变成活知识，吸引学生的注意力，增加课堂情感交流的通道，有益于和谐师生关系的形成。因此，教师应努力提高运用现代化信息技术进行情感教学的能力，让学生们在情感态度、价值观方面都得到一定的进步和发展。

第一，教师应利用信息技术制作精美的多媒体课件。教师应精选可情感渗透的素材资源，结合相关视频、动画、图片等创设教学情境，同时根据课程教学需要适当增加寓教于乐的小游戏。例如，教师可以在英语课中穿插一个小游戏，让学生们根据刚学到的知识在有限的时间内进行对错判断，可以分为两个阵营，在答题的过程中会有相应的鼓励，最后学生们会获得相应的积分，以此活动激发广大学生的心理求知欲。

第二，教师应利用信息技术深化师生的和谐情感。现代信息技术，如慕课直播、雨课堂、学习通等，作为一种信息与情感交流的载体，不仅可以使得学生进行线上的知识学习，而且能够增加学生和教师之间的情感交流。例如，一些内向的学生们平时不愿作答，但在这些平台上可能会变得活跃一些，此时教师会利用多种表情、图片来表达对学生的鼓励，自然这些学生也乐意以类似爱心的表情回应教师的鼓励；或者学生们可以根据自己学习、生活中遇到的疑惑给教师发私信，这样在无形之中会使得教师与学生的关系更加亲密。

第三，教师应利用信息技术进行知识构建。知识构建的过程是学生记忆和情感强化的过程。我们坚持在英语课堂中运用信息技术并不是要否认传统的教学手段的积极作用，应该将现代信息技术与传统教学手段进行有机结合，充分发挥各自的使用价值，实现整体协调发展。因此，在课堂上，教师应将传统的黑板板书总结与电子版思维导图相结合，教师书写黑板板书，尽可能以填空的形式让学生补充电子版思维导图，并对学生的表现做出相应的情感评价。这种活动化的课堂方式能够落实学生的主人翁地位，培养学生积极参与的情感。

3. 建设有效的情感教学评价机制

通过现场调查、访问及课堂教学观察结果可知，目前情感教学评价存在些许问题，为进一步建立完善的评价机制，要从综合评价教学方式及综合评价教学主体两个方面入手，以提供更加健全的教学评价机制，使得学生能够知情并茂。

（1）评价方式应坚持定量和定性相结合

情感教学的教学评价主要坚持以生为本，更注重情感因素的考核，实现以情优教、情知相促。在现实教学中，学生的情感形成呈现内隐性、长期性，从评价方式角度来看，情感教学的评价应实现多元化，注重过程性，主要以发展性评价和终结性评价为主。首先是终结性评价。此法是为了对学生的学习、情感发展水平做一个量性的结论，目的是评出等级，区分优劣。其次是发展性评价。此法属于一种系统性评价，能够反映出学生学习、情感发展在不同阶段的状态，属于定性评价，能够做到及时反馈，较为注重评价的过程。以上两种方法各有优缺点，因此，情感教学的教学评价应将这两种评价法结合使用，既有量化评价，也有质性评价。具体的方法有测验法、课堂即时评价法。

第一，测验法。采取测验法的目的是能够获取学生的情感特征信息。其优势是实现了定量、定性相结合，能够较为精准地测量出学生的情感发展水平。由于学生的情感表述方式各不相同，所以测评结果也多样化，且无严格的对错、等级之分。因此，在采取测验法时，试题的内容能根据情感目标中的情感因素进行分层分类，考虑到学生可能具有的反应，设置不同的选择，使得学生进行选择；题型较多，采用多项选择；为了保证测试题的信度和效度，测验试题的表述应尽量避免歧义，简单明了，设置的问题能够使学生乐于回答，不能难为学生；测试题的水平与赋值应与"情感教育目标分类表"中的情感因素的各级目标所属水平层次相对应。

第二，课堂即时评价法。课堂即时心理评价主要是泛指在学生课堂教学的真实学习情境下，教师可以围绕学生情感健康教育这一目标，针对一个学生的课堂学习态度、行为表现、方法、过程、效果等多方面因素进行即时评价，从而可以帮助他们及时调整、控制学生后续的课堂学习心理行为。教师使用该方法时应坚持激励性原则、发现性原则、时机性原则、交互性原则。在进行课堂教学评价中我们要正确理解和充分尊重每个学生的性格差异，要正确应对每个学生的不同批评意见，多样地使用具有表扬性的手段给予学生肯定。

（2）评价主体实现多元化

当前高职英语教学的评价主体仍是以教师为主，学生始终位于"他评"的状态。所以，情感教学的教学评价应该使评价主体多元化，不应局限于教师，应让学校管理者、家长、学生等共同参与。

首先是学校中的管理者，他们经常听课、评课，能够通过教师所做的教学设计、教师教态、课堂互动程度等对教师的情感教学的运用提出更好的建议，能够通过感知课堂氛围来判断教师的教学对学生的促情程度。

其次是家长，家长是学生的第一位教师。尤其是家庭环境对学生的情感影响具有基础性、普遍性、长久性及渗透性的特征，家长参与教学评价，如设立家长开放日，使家长能够从日常生活角度为学生的情感发展提供合理化建议，有利于教师、家长进行双向合作，能够为教师与学生、家长与孩子之间搭建一座心灵沟通的桥梁。

最后是学生自评与学生互评。一方面，学生是学习的主体，学生自评有利于学生自我反思，促进学生元认知的发展，使学生的内心情感得到升华；另一方面，学生作为同辈群体，他们参与情感教学评价，更具共情性、民主性，有利于激发学生的学习兴趣，锻炼学生的思维能力，有利于教师及时调整自己的教学策略与教学行为，在一定程度上促进学生与学生之间情感的发展。

因此，情感教学的教学评价应实现教师、学校管理者、家长、学生的主体多元化，从多方面进行归因，使情感教学促进学生的学习、情感朝着正确的方向发展。

4. 提升英语教师情感教学综合素质

教师作为课堂教学的引导者，是决定英语教学质量的关键因素，提升教师的综合素质，是从根本上落实立德树人任务的重要保障。教师要坚定信念和情怀，信念意味着责任，情怀来自担当。英语教师必须强化理想信念、家国情怀、仁爱情怀，时刻反思自身，在学习中进步，提升作为英语教师的情感教学综合素质。

（1）正确认识职业价值，反思职业情感

职业情感的基础来自坚定的职业信念和对自身职业价值的认可和期待。教师的职业信念不是一蹴而就的，需要在最开始踏入教师行业时就开始培养，从一点一滴的小事做起，不断加强自己的职业信念。同时要深入课堂第一线，在课堂中磨炼自己的职业技能，以良好的职业技能为基础构建起自己的职业信念。此外，在课后要进行深入的总结复盘，发现自己在课堂中存在的问题和不足，并及时予以纠正和提高。通过这一系列举措来将自己培育成甘于奉献、一心为教的新时代教师。

在新时期，各种新变化新形势都在冲击着教师对于自身职业价值的认知，这就对学校层面提出了更高的要求。学校应该鼓励教师进修学习，定期进行职业价值认同培训，让教师树立正确的价值认知体系。通过积极投入教育事业，教师认识到自身工作不只是艰辛,而是充满了乐趣和幸福。

(2)努力提高专业素养,培养教育情感

英语教师应该提高自己的思想理论修养水平,随时更新知识框架。只有自己学得深入,才能更好地培养学生的英语素养,所以,要强化自己的英语学习能力。此外,还要努力做到思维清晰,提高学习理论知识的能力,英语教学想要取得实际的效果,就一定要做到"以理服人"。在教学中,教师要打破固守常规的思维方式,运用马克思主义的世界观和方法论对社会实际问题进行剖析。同时教师还要在思想上拓宽视野,增长自己的学识。面对世界的发展和变革,英语教师必须不断拓宽自己的国际视野,多角度地去审视和剖析新中国建立后的重大成就和现阶段发展的重大问题,提高自己的专业素养,在此基础上,对学生进行正确引导,使他们成为社会主义建设事业的有用人才。

(3)保持良好宁静心境,发展健康情感

教师拥有良好稳定的教学心态是开展情感教学工作的基础,在日常的学习、生活中教师对学生的影响是潜移默化的,教师的心态会直接或间接地影响学生情感的发展,课堂上情感走向的引导者始终是教师。在课堂中,教师积极饱满的情绪输出会让学生如沐春风,从而促进学生对于事物的正确认知能力和情感表达能力的提升。这就要求教师在工作中要掌握调控自己情绪的能力,然后在课堂中成熟地运用这种能力来构建良好的学习氛围,增进师生双方的情感互动,教师在平时的工作生活中要有效调节自我心理健康,树立乐于奉献、关爱学生的价值观。

教师要在课余时间培养自己的爱好和兴趣,增进自己的所见所闻,学会善待学生。同事之间关系要融洽,互帮互助,共同进步,师生之间要民主、平等。在教学过程中教师要与学生建立平等的地位,要与学生建立良好的互信关系,充分尊重学生的想法。教师对学生的期望不能过高或过低,要在适当的时候及时调整对学生的期望值,不能以单一标准要求所有学生,而应针对不同程度的学生建立一套灵活科学的相处模式和鼓励模式。

5.树立科学的学生观,建立和谐师生关系

学生的发展具有不平衡性,主要是指学生在成长过程中,生理成长和心理成熟程度的不均衡。学生的身心发展是一个从量变到质变的过程,在发展的不同阶段,学生们都显示出了个体差异,因此,教师在情感教学中要尊重每个学生在发展过程中的个体差异性,要清楚学生的发展除了相同的年龄特征以外,个体差异性也是存在的。因此，在情感教学中，要以学生为主，建立平等的、互助的、科学的以及和谐的师生关系，引导帮助学生健康、全面的发展。

（1）实现信任互助的课堂，释放情感

教师应该以学生为中心，重视学生，在情感教学中，教师更要多地换位思考，感受他们真正的需要，同时信任每一个学生，这种信任是对学生个人的心理情感塑造，释放学生的个性以及给学生机会表达自己独特的见解。在这种人际关系下，学生的主动与独立性可以得到更好的发挥，从而促进学生积极健康的发展，也可以更好地培养学生的创新意识。对于学生而言，教师更像是指路的明灯，在教师的细心指导和帮助下，学生的思维转化能力得到提升。

因此，教师首先要考虑学生的长远利益，这是对学生的未来负责，由此所表达的情感，是一种深厚、宽广而崇高的情感，是培养和造就职业人才所必需的情感。

（2）引导学生会自我调节，体验情感

学生的自我调节会直接影响学生学习生活的方方面面，从学习兴趣到个人目标的制定、再到计划落实的效率等。教师能做的就是给每个学生以明确的目标，并提供指导意见和适当的引导方法。"皮格马利翁效应"已经证明，学生的学习等一系列行为深受教师期望的影响，因而使学生认识、了解和内化教师的期望值，是一个投入情感的过程。因此，教师要在教学中帮助学生，让他们在学业上取得进步，一句针对性的提问、一次作业的督促、一种学习方法的引导、一次敞开心扉的长谈都是可以帮助学生学业进步的有效方式。对学生进行心理指导可以改善学生的自我情感调节能力，增加学生的成功体验。在帮助学生形成具有内部稳定性的心理状态时，可以引导他们观察和自己水平相当的同学的成功经历，以此为动力，让他们时刻感受到教师对他们的关爱和关注，从而提高自身的情感感知能力。

第四节　深度学习模式

一、深度学习模式概述

（一）深度学习模式的定义

在国内，上海师范大学的何玲教授和黎加厚教授最早提出深度学习是指在理解学习的基础上，学习者能够批判性地学习新的思想和事实，并将它们融入原有的认知结构中，能够在众多思想间进行联系，并能够将已有的知识迁移到新情境中，做出决策和解决问题的学习。曲阜师范大学原副校长康淑敏认为深度学习是学习的高级阶段，属于复杂的认知过程和高投入的学习方式。

在国外，最早提出深度学习的是美国学者弗伦斯·马顿和罗杰·萨尔乔，他们认为深度学习是在理解的基础上，将知识纳入自己的知识体系，灵活运用知识并进行迁移，发展高阶思维。另一位重要的大学学习研究者——约翰·比格斯认为深度学习能够将知识进行整合，学习者能够为了理解及应用知识而主动地学习，主要表现为对知识的批判性理解及深度加工，且强调和先前的知识、经验的连接。

经过梳理总结可以发现，深度学习概念是在与浅层学习的对比下提出的，因此，这里将深度学习与浅层学习进行了对比，具体内容如表 5-1 所示。

表 5-1 深度学习与浅层学习对比表

	深度学习	浅层学习
兴趣动机	无需外力推动，自身知识需求	外在任务推动，受到考高分等外界压力的影响
学习态度	全身心投入，充满热情，具有好奇心与求知欲，与他人交流互动	被动消极，烦躁苦恼
学习方式	在理解的基础上进行记忆，弄清楚知识之间的内在联系，深层加工，在学习过程中逐步加深理解	死记硬背，不注重知识间的逻辑结构
思维方式	能够发现事物之间的逻辑，建立新旧知识间的联系，自主构建知识体系，区分论据与论证	仅能做到知道和领会阶段，新旧知识分离，难以自主构建知识体系
知识内容	知识之间存在内在联系，是一个系统的整体	知识内容零散，不成体系
迁移运用	将所学知识举一反三，运用到相似情境中，在新情境中完成思维方式的迁移，将知识与实际生活相联系	无法举一反三，所学知识与思路方法无法在新情境中得到灵活运用
反思方式	对知识的批判性理解与整合，发展高阶思维	缺少反思

综上所述，我们可以得知深度学习是基于内部学习动机，围绕情境或主题进行积极主动的学习，能够将新旧知识进行联系，自主构建知识体系，将所学知识进行迁移和运用，发展学生高阶思维的学习方式和教学模式。

（二）深度学习模式的特征

1. 强调批判理解

深度学习能够进行的基础是理解，机械背诵的知识不能为自己灵活运用。这强调学习者要具有批判性思维，敢于质疑论据、分析论证、评估审查，能够在分析理解的基础上批判性地看待新知识，从而在质疑中加深对知识的深度理解。

2. 强调有机整合

一是学习内容的整合。深度学习的学习内容不是零散知识的简单堆砌，不能将它看作孤立的知识单元。它强调的是新旧知识和不同类型知识之间的整合，建立系统的知识结构体系。同时，不同学科之间也要建立起紧密的逻辑体系，俗话说"数理化不分家"，英语知识的学习离不开其他学科的辅助。

二是学习过程的整合。深度学习的学习过程要求寻找新旧知识之间的联系，将新知识纳入已有知识体系中，从而使知识转化为与学生个体有关联的、能够操作和思考的内容（对象）。

3. 强调活动与体验

在教学活动中，通过设计的教学情境，学生能够亲身经历和探索教学过程，在这种主动、有目的的行为活动中，认识科学知识，掌握思维方法并且能够体会到知识背后所蕴藏的情感价值。正是在这样的活动中，学生成为活动主体，能够成为一个具体而丰富的人。这要求学习者从自身兴趣与知识需求出发，在学习过程中具有高度集中的注意力和长久的坚持力，能够自我监视与反思，全身心地投入学习活动中。

4. 强调迁移与运用

迁移与运用是指在相似的问题情境中能够运用学到的知识解决实际问题。因此，这就要求学习者进行深度学习，把握问题的本质内容和关键要素，培养综合能力与创新意识，并将这种知识或技能用于新的情境，举一反三，实现知识的迁移与应用。

二、深度学习模式在高职英语教学中的应用

（一）深度学习模式的实施原则

1. 主体性原则

现代教师观中曾提到教师的角色，该观点认为教师应该引导学生学习、组织

学生活动、促进学生发展。学生要从知识的无意义接受者转变为学习的主人，进行积极快乐的学习，而并非传统课堂那样趣味性较低。学生在课堂中的反应，是否主动地进行学习，参与课堂的积极性如何等对深度学习的效果至关重要。所以，深度学习模式要遵循促进学生发展、充分发挥学生主体作用和主观能动性的原则。

2. 生成性原则

没有经过精心设计的教学活动不利于目标的达成与学生发展，但如果实际教学完全按照教学设计逐步开展，将不利于学生能力的提升。在高职英语课深度学习模式的具体教学中，教师对教学过程的预判会随着教学活动发生相应的转变，所以在模式构建时，需要关注教学过程的动态生成，学会运用教育机制，在预设基本框架的基础上，充分发挥学生的主观能动性。

3. 多元互动原则

在高职英语深度学习模式中，学生需要在课堂上进行小组讨论、组间讨论及互相评价，所以教师在设计学习任务和框架作业时，要注意学生和教师之间、学生和学生之间的交流，设置不同难度水平的任务。在协同建构阶段，教师指导学生掌握有效沟通交流的方法，提高学生的讨论积极性。

4. 支架性原则

课堂教学要走在学生已有知识的前面，遵循学生知识的"最近发展区"。在高职英语深度学习模式中，教师不仅要关注整个教学活动的支架性，还要考虑每个教学环节的支架性。教师在设计讲授内容时，应充分了解学生的认知情况，向学生讲授知识框架；设计学生自主学习任务时，应遵循"最近发展区"原理，控制任务数量和难度，构建任务框架，以便学生进行自学。

（二）深度学习模式的应用策略

高职英语深度学习模式的实施包括前期准备、讲授新知、自主探究、协同建构和课后反思这几个阶段，在教师将深度学习模式应用于实际英语教学时，应明确教师角色，以学生的学习为主，制定个性化分层任务，注重学生多方面能力的培养，保证该模式在教学中的有效应用。

1. 教师做好引导者和支持者

在高职英语深度学习模式下，教师的教学应根据学生的实际学习情况进行适时调整。在前期准备阶段，教师对学生进行预评估之后再设计讲授内容和任务；

在讲授新知阶段，教师引导学生学习框架性知识；在自主探究阶段和协同建构阶段，教师支持学生的学习和讨论，并适时进行引导。整个教学过程要着眼于学生的学习和发展，引导和支持学生学习。

2. 学生自主选择学习资源

在高职英语深度学习模式下，学生主动获取知识，把握学习节奏，在自主探究阶段，教师为学生提供多样化的适合各个认知层次的学生的学习资源。学生在自觉状态下根据自己的学习基础主动选择学习资源，制定计划，逐步展开学习。通过探究完成教师布置的框架性学习任务，填写反思性材料，整合所学知识信息，建立知识结构并不断内化所学知识，为协同建构阶段对知识的深层次认知奠定基础。

3. 任务设计要有层次性

传统教学模式下的练习和作业的布置往往对所有学生"一视同仁"，没有关注学生基础、学习过程和结果的差异性。在高职英语深度学习模式下，教师关注各个学习水平学生的学习现状和需要，使学生进行个性化学习。在前期准备阶段，教师在设计学生任务时综合考虑预评估结果，充分调动学生学习积极性，设置基础型、重点型、难点型、拓展型等不同难度等级的任务，让学生都能有最大收获。

4. 注重学生多方面能力培养

该模式不仅强调学生对知识的深层次学习，更加注重学生多种能力的培养。在自主探究阶段，学生通过自主选择资源，开展个性化学习，培养学生自觉主动地学习和对问题的探究能力。在协同建构阶段，学生通过小组合作解决低层次问题，组间交流凝练高层次问题并在教师的引导下解决，培养学生各方面的能力。在课堂评价环节和课后反思阶段，学生通过评价同伴学习过程及课后反思自己的学习，以促进最优化的学习。

第五节　分层教学模式

一、分层教学模式概述

（一）分层教学模式的概念厘定

"分层"一词，最初应用于地质学，不同层面的地质构造被称为"分层"。

社会也有高低不同的等级层次，与地质构造类似，所以，在分析社会结构时也用"分层"一词。学生是独特的、处于发展中的人，也有不同层级之分。因此，基于学生的个体差异性，在教育学中也使用"分层"一词。

1. 分层教学模式的概念

在中国现有的文献中，"分层教学"一词最早出现在1985年3月的《混合班教学初探》一文中，该文指出"分层教学"是"同一教材，不同要求，灵活运用"。

关于分层教学的概念，教育家们都有自己的独到见解，他们的出发点都是以不同的方式教不同的学生。本书认为将分层教学定义为教学模式更好，既说明了教学原则，也体现了教学思想，更为重要的是展现了教育教学方法和策略，即学生自主探究意识。分层教学最直接的实践者是教师和学生，因此，分层教学的实施和发展的关键在于师生对分层教学的概念有理性的认识。

2. 分层教学模式的特征

通过对学者们关于分层教学文献资料的归纳和整理，可以发现在对分层教学的定义中，学者们注重强调学生个体差异、目标层次、内容针对、多元评价等因素。结合搜集到的文献资料，可以将分层教学模式的特征总结如下。

（1）尊重学生个体差异性

不同学生之间存在个体差异，这种差异代表不同学生的特长不同。个体的差异是客观的、正常的，教师在高职英语教学中使用分层教学模式，应尊重学生的个体差异，根据差异进行科学分类，公平对待每一个学生。在教学中，无论学生能力如何，教师都不能歧视或不公正对待学生，更不能不结合实际，这样才能真正实现教育公平。因此，想要使分层教学模式充分发挥作用，教师要改变思想，承认学生之间的个性差异性，并针对差异制定具体的分层教学方案。

（2）教学目标具有层次性

在分层教学模式应用的过程中，教师应充分考虑学生之间的个体差异性，强调引导学生主体性的发挥，因此，教学目标要有层次性，这是非常有必要的。教师在设计教学目标时，要考虑学生不同的英语基础、学习能力、兴趣等因素，为学生设计不同层次的教学目标，并根据学生在学习中的实际情况，给予学生切实可行的学习建议，使每个学生都能学有所成。

（3）教学内容具有针对性

使用分层教学模式时，学生被划分为不同层级。不同层级的学生之间差异较大，同一层级的学生之间差距较小，学情较为复杂，因此，教学内容要具有针对性。教师可以根据学生的实际学习情况，例如，英语知识掌握情况、兴趣爱好、学习成绩等制定有针对性的教学内容。在制定教学内容时，教师也要考虑不同层级的学生之间接受能力的差异，提前进行诊断性评价。根据学生对知识的掌握情况，及时调整教学内容，提高分层教学模式的教学效率。

（4）教学形式具有灵活性

分层教学模式不像传统教学模式中的教师讲授、学生被动接受的单向教学模式，而是科学地将学生划分为不同层级，根据学生所在层级的特点，灵活选择适合不同学生的教学方法。通过灵活的教学方法激发学生学习英语的兴趣，提高学生的学习积极性。系统科学的教学方法有利于培养学生的学习能力和良好的学习习惯，创造一个愉快、积极、向上的学习环境。

（5）教学评价标准多元化

不同学生学习英语的情况不可能完全相同，因此，分层教学模式应制定多元化的评价标准，不同层级的评价标准要不同，但也要使得不同层级之间实现合理有序的衔接。不同学生的基础、能力等方面是有差异的，教师针对学生的具体情况进行多元化、多层次的评价，让学生得到切实可行的建议，有利于学生学有所得。

3. 分层教学模式与传统教学模式的比较

教师使用传统教学模式，制定的教学目标主要面向大多数学生，不能使所有学生学有所成。这既不利于发挥学生的主观能动性，不能满足学生个性发展的需求又违背了课程改革的初衷。然而，分层教学模式是教师科学地将学生划分为不同层级，系统地制定学习计划。根据具体学情，采用灵活、多样的教学方法，教师注重满足学生的个性化发展需求。与传统教学模式相比，分层教学模式具有很大的优势，如表 5-2 所示。

表 5-2 传统教学模式和分层教学模式的比较

	传统教学模式	分层教学模式
概念厘定	20 世纪以前产生并沿用至今的、以教师在课堂上传授知识为主要特征或依托的那些教学模式	分层教学模式是基于因材施教的教学原则，采取的一种激发学生自主探究意识，并以实现全体学生共同进步为目的的积极应对方案
教学目标	传统教学模式中的教学目标一般从知识与能力、过程与方法、情感态度价值观三个维度出发，面向全体学生。重视共性培养，没有充分考虑学生的个体性，导致教学目标缺乏针对性、层次性	与传统教学模式中的教学目标不同，分层教学模式中的教学目标重视学生的个体差异，从知识、能力、经验等维度出发，根据学生的不同层次，制定有针对性的教学目标

续表

	传统教学模式	分层教学模式
教学主体	传统教学模式在课堂教学中主要采用讲授法，教师是教学的主体，学生被动地接受知识，很少有机会主动思考，导致课堂形成"满堂灌""一言堂"的效果	在分层教学模式中，教师是教学的主导因素，学生是教学的主体。教师根据学生的个体差异，为学生制定有针对性的学习内容，学生有许多独立思考的机会
教学过程	传统教学模式应用到课堂教学中，主要有五个教学环节，即复习提问、引入新课、讲授新课、总结归纳、布置作业。这些教学过程由教师掌控，学生具有极少的"自由"	分层教学模式应用到高职课堂，主要强调教师针对不同层级的学生完成贴合自己能力的学习目标，实际上是调动学生积极性，鼓励学生完成学习内容，并给予层级评价的过程
教学方法	传统教学模式重视教师对于课堂的设计，主要采用讲授法，教师对于课堂的掌握面面俱到，形成"单边教学"，忽略学生学习方法的培养	分层教学模式在对学生分层后，教师应充分尊重学生的学习兴趣和长处，培养学生的探究精神，鼓励学生独立完成学习任务。在教师的指导之下，学生可以探索出适合自己的学习方法
评价标准	传统教学模式评价标准单一化	分层教学模式的评价标准多元化，不同层级有不同的评价标准
教学成果	传统教学模式的教学成果主要以分数或排名的形式呈现	分层教学模式的教学成果呈现方式具有多层次的特点，不同层级的学生可以展现出自己所在层级的特点

（二）分层教学模式的实现形式

1. 班内分层模式

班内分层模式是目前最为普遍的分层教学模式。原有的班级保持不变，但在具体教学时，需要教师根据学生的学习情况将他们分为若干层，一般分为三层，在此统一称a、b、c三层（a层为综合学习能力表现优秀的学生，b层为表现良好的学生，c层为学习比较困难的学生）。分层之后，教师需要针对层级之间的差异确定恰当的分类培养目标。上课时依然面向全体学生，教学内容以基础知识为主、能力提升为辅。但是教师可以根据前面所设定的培养目标，对学生掌握知识的程度有不同要求，如可以在练习环节设置有梯度性的题目用以检验和进一步巩固所学知识。大多数教师都在无形中使用这种策略，包括各个学校一直在做的培优补困工作，本质都是这样的分层教学。不过，在实际教学的过程中，有时教师可能更多地关注 a 层和 c 层学生，b 层的学生往往易被忽略。而且由于没有科学地跟进课后辅导与管理，这样的分层教学成效并不乐观。但总体来讲，班内分层的基本模式是可取的。

2. 分层走班模式

针对学生在学习过程中表现出较大差异的学科，将该门课的教学程度按照学生的水平差异分为基础层、普通层、优良层。学生根据自身能力水平自主选择合适的班层，走班上课，下课后返回原行政班。学生具有双重身份，既是原固定班级的成员，又是流动班级的成员。这一模式相比较上一种，教师的可操作性增强了许多。学校负责顶层设计，教师只需按照安排负责某一个层次的教学任务，每个教学班级的学生也是同一个学习水平。课上，教师仅根据这一层次学生需达到的学习目标，进行强化训练并监测。从这个方面讲，分层走班模式给予教师很大的便利和可发挥的空间，指导更具针对性，降低了学困生的学习难度，同时也为优等生获得更加广阔的知识创造了条件。

3. 能力分层模式

首先，通过自愿选择的方式，让学生根据自己学习能力的实际情况，自主、自愿地选择与划分和自己相贴合的学习分层，再根据自己在实际学习过程中的具体表现，在学期末做分层的调整。这种模式充分尊重学生的主体性与自主选择权，基于自我认知，并结合社会发展所需，合理选择学习目标。在实际教学实践中，必须设计分层的测试练习，通过检测及时进行评价，关注每一个学生的进步与成长。

4. 分层互动模式

分层互动教学模式，可称为隐性分层模式。教师在教学活动之前充分了解学生的知识积累程度、个体学习能力等综合信息，按照心理特点形成不同的学习分组，然后同组内进行合作学习与互助学习，充分发挥学生的主体性与教师的主导性，为不同的个体创造适合自己发展的空间。这种模式是个体差异和合作学习的有效结合。

5. 精品化小班教学模式

精品化小班俗称重点班，它的存在其实是不均衡编班现象。具体做法是在年级内筛选出综合表现优异的学生编入精品化小班，剩下的学生所在班级都是普通班。

这是一种相对少见的选拔方式，经过这样的方式组成的精品化小班，不完全等同于所谓的"重点班"，但由于第二次筛选是择优选取，所以本质上还是接近于重点班。无疑，能够进入重点班的这部分学生群体十分受益，但对于绝大部分无法进入重点班的学生则意味着，他们将无法享受优质资源。因此，通过不均衡编班实现分层教学，其实是一种"掐尖"现象，无法面向全体学生，所以该模式需慎用。

6. 个别化教学模式

个别化教学常被应用于特殊教育，这里涉及一个概念——随班就读，意思就是让患有肢体残疾、轻度的弱视、重听等疾病的孩子与普通学生一起接受教育的一种方式。这样做的目的是让这些孩子能够和其他孩子一起成长、一起学习、一起生活、一起交往，这有助于他们的身心健康，也有助于尽可能让他们处于一个普通正常的学习环境中，但对待他们在学习方面的要求会低一些，也是希望在现有的基础上开发他们的潜能，不至于让他们脱离社会。除此之外，他们所接受的一切教育都是自主、平等的。

个别化教学也属于分层教学的一种，如果说精品化小班教学着重培养的是英才，那么个别化教学恰好与之相反，个别化教学面对的受教育群体更复杂，需要考虑的因素也更多。这一模式与上一模式都比较片面，仅仅是把某一个群体划分出来进行针对性的教育教学，当然，它们可以作为分层教学的一个部分。

7. 定向培养目标分层模式

这一模式主要是针对职业教育，即根据学生毕业以后的去向确定分层方案。通常分为两层：升学班和就业班。目的性十分突出。

这种形式的分层教学属于定向培养，如果从长远考虑，可以尽早根据学生的发展方向参考这一模式进行育人。

二、分层教学模式在高职英语教学中的应用

（一）分层教学模式的实施原则

在高职英语课堂上实施分层教学只有遵循一定的原则，才有可能确保教学的顺利开展，具体原则阐述如下。

1. 隐形分层原则

学习者个性的差异和其生活的环境是息息相关的。在班内分层教学中，应该考虑学生的心理，进行隐形分层，在学生不知道的情况下，有策略地培养各层次的学生。备课时，设计难度不同的问题，在英语课堂上提问基础差的学生简单基础的问题，使学生能够准确回答，增强自信心。对于较高层次的学生，提问有难度的问题，提高他们的综合思维能力。虽然完全做到隐形是不可能的，教师在教学环节中对学生的分层评价、分层布置作业等过程难免会露出一些痕迹，这是不可避免的。但实施分层教学中，测试结果不进行公开，仅作为学生分层和课堂个性化教学的依据，为学生创造适合身心发展的学习环境。

2. 主体性原则

课堂由两部分组成，一部分是教师的教授，即教师对学生在知识方面进行的引导，另一部分是学生的学习。分层教学充分考虑学生具有的基础差异和能力差异，尊重、照顾学生的教学组织形式，从学生的实际出发，明确学生才是分层教学的主体，分层教学、分类指导，把学习的主动权交给学生。针对各层次学生的情况提供不同的英语教学策略，制定适合的教学目标并设计不同的评价标准等，确保学生的主体地位，期望每个学生都能得到最佳发展。

在实施分层教学时，教师应该充分考虑到学生的学习能力和思维方式，让学生自主掌握学习的方法和技巧，充分发挥其主观能动性，实现教学目标。此外，教师还要充分挖掘生活中的英语知识，并与课堂结合起来，充分抓住学生的关注点和学习兴趣，坚持以学生为主体的原则。

3. 科学性原则

分层教学实践活动中，教师首先需要做到科学研究和把控所教授的课程内容。同时，还要真正根据不同分层的学生的实际情况，科学地在宏观层面把控不同层次学生的学习要求和教学目标，从而更有利于进行和开展不同层次的课堂教学。除了正常地进行课堂教学以外，还要针对不同层次的学生提供不同层次教师的教学辅导与帮助。而在课堂教学的最后，还可以针对不同层次的学生，组织不同的考试或测试，真真正正地帮助每一个层次的学生都可以实现自己层次相对应的教学目标，有利于帮助处于各个层次学生的发展与成长，有利于更好地提高各个层次学生的全面综合素质与能力。

在教学活动中，针对学生的智能差异、已有知识积累差异、学习接受能力差异等多方面的影响因素和具体的学生资料，进行详细科学的研究与分析，对学生实行分类建档。真正将教学目标的分层、课外辅导的分层、学习评价的分层科学落实到教学环节的每一个流程操作中，努力实现为每一位学生的发展与成长提供良好的学习基础。

4. 循序性原则

发挥教学模式在教学过程中的最大效益，需要做到认真组织教学工作，进行科学合理的周密实施。分层教学模式的施行与运行需要遵循7个步骤，如图5-1所示。

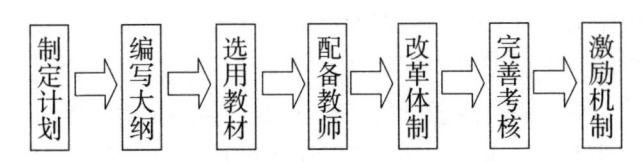

制定计划 ⇨ 编写大纲 ⇨ 选用教材 ⇨ 配备教师 ⇨ 改革体制 ⇨ 完善考核 ⇨ 激励机制

图 5-1 分层教学模式的施行与运行步骤

5. 全体性原则

分层教学模式在教学实践中主要是针对学生个体学习中存在的差异性，是研究者与实施教学的教师为每一位接受教育的学生争取到的平等的发展机会。教师在教学实践过程中突破传统的禁锢，将教学中的目光从部分转向了关注学生全体，将实现学生的成长与发展作为教学的根本任务与追求。

6. 发展性原则

教育是追求发展的实践活动，在教学中不仅需要重视个体差异，同时也要充分实现学生潜能的开发与发展。在英语教学中，教师需要以发展的眼光看待学生的成长与发展，积极引导其发挥主体的学习能动性，从实际出发，不断提高个性化发展。学生分层是一个动态实施的过程，关注学生的每一次进步，以达到最优化发展。

7. 保底性原则

分层教学中，教师要面向所有学生，努力创造一种尽量适合全体学生的"保底不封顶，分层不分班"的教学组织形式。"保底"是指在班内进行分层教学时，虽然对各层次学生要求的标准不同，但最终的结果要保证每位学生都能达到英语课程标准的基本要求；"不封顶"是指在满足基本要求的基础上，让不同的学生都有所发展，让学生向更高层次靠近。在进行分层教学设计时，要遵循保底性原则，尤其是对基础较差的学生来说。教师应针对该层次的学生设置简单的学习目标，对这部分学生不能盲目拔高，而应进行保底教学设计，只要达到课程标准的要求即可。在此基础上，最终达到全体学生充分发展的目的。

8.尊重差异原则

每个学生都是独立的个体。由于各种因素的影响，学生的知识基础水平和学习兴趣等方面具有差异性。尊重差异原则是保证分层教学科学、有效应用的基本原则。分层教学是在承认学生间差异的基础上实施的，其目的不是为了缩小学生之间的差异，而是为了让每位学生都能在原有基础上有所提升。教师应该客观地认同和尊重学生间存在的差异，理解学生对学习的期望，尊重他们不同的学习能力和智力水平等，据此对分层教学进行科学设计与应用，应用不同的针对性教学方法，让他们在能力范围内学习并引导学生更好地认识自身的问题，培养独立思考的能力，以促进学生身心健康发展，保证分层教学在一个和谐、规范的状态下予以开展。

9.动态管理原则

学生的学习不是一成不变的。在实施分层教学过程中，应该动态地看待学生，认识到学生的层次会随着学习进程的深入而不断改变。在此基础上，教师的教学手段和方法也应该是动态变化的，这样才能保证教育方式能够符合学生的实际需求。为了保证分层教学的接受度和公平性，要遵循动态管理的原则，以此来鼓励基础较差的学生向更高层次挑战，鞭策基础较好的学生努力进取。

（二）分层教学模式的应用策略

分层教学模式在英语教学中的应用，可以从以下几方面着手。

1.分层设计教学环节和教学内容

在进行分层教学的过程中，虽然不同阶层的学生都学习相同的教材，但是由于他们的学习需求不同，对教学内容的要求也不一致。针对英语水平差异较大的高职学生而言，适合自身学习需求的教学内容，可以对学生的英语水平的有效提升起到一种导向与促进作用。不同的教学内容都表现了它本身的教学思想、教学目标和教学方式，以此来满足不同阶段学生的不同学习需求，所以，这就需要高职英语教师必须对英语教材进行充分钻研，根据学生的实际情况以及各层次学生们的实际需求进行教学内容的合理分层,设置出与各阶段相符合的教学活动内容。在具体的教学实践中,可以让不同层次的学生都能融入其中,学生的个性化学习需求得到有效的满足,以提高学生整体的英语水平。

对于英语水平较差的学生,在教学内容上应该主要注重基础知识,采用精读和泛读相结合的教学模式,精读讲解内容要简练,主要带领学生复习和巩固高中语法、词汇,与此同时,熟练掌握教材中的单词、语法和句式,以此来进一步提升英语水平。对英语水平较高的学生,重视知识的扩展和综合能力的培养,在掌握教材内容的同时,还应该扩展一些课外英语内容,以拓宽学生的视野,实现对学生的自主学习与英语应用能力的培养与提升。

2. 完善分层教学管理

作为高职英语一线教师,依据德国社会学家韦伯的科层管理理论、苏联心理学家维果茨基的"最近发展区"理论,结合自身实践,反思分层教学管理过程中出现的问题,分析其原因,才能更好地发挥英语分层教学管理的积极作用,从而促进高职学生英语综合能力的整体提高,促进学校英语分层教学模式的积极发展。

(1) 学生管理方面

建构主义强调以学生中心,强调学习者的认知主体作用,在高职英语分层教学管理中,学生学习的主动性和积极性的提高尤为重要。

第一,提高重视程度。虽然大多数教师对学生采用的分层教学管理是隐性的,但高职学生较为敏感,发现教师在分层教学管理中实际上对他们进行了分层时,会在心里产生一定的排斥现象,尤其是低层次学生最为突出,这就会加大教师实施分层教学管理的难度。教师可以通过直接或间接的方法,向学生渗透英语学习中进行分层教学管理的优势,让学生能够从内心接受这种新的管理方式和方法,从而根据教师的教学管理步伐进行更高效的学习。

第二,加强自我管理。首先,让学生形成自我管理。高职学生在分层教学中的自我管理是指学生对自己的英语学习、交际等进行设计、安排和调控的活动。学生在学习过程中往往会根据自己的兴趣爱好、需要和动机做出有目的的选择。在分层教学管理过程中,要不断培养学生的自我学习意识,通过自我调节,把自己作为管理对象,有目的、有意识地进行自我教育和自我管理。

建构主义强调以学生为中心,为了更有效地促进意义建构,教师在课堂教学过程中,利用学生差异和学生的性格特点,有意识地安排每个小组的学生完成相对不同的学习任务，引导学生组织协作学习（开展讨论与交流），促进师生之间、同学之间积极互动的关系，通过合作学习来增强学生的自我管理。这样既改善了分层班级学生之间的关系，也促进了教学管理的顺利进行。

其次，推动学生参与管理。实施英语分层教学管理，有必要采取教师、学生等多元化参与的教学管理模式。按照科层管理的理论，教师在教学中要建立积极向上、具有责任感与集体荣誉感的管理组织，设立学生学习管理小组，并时时培训学生管理队伍，充分发挥学生管理的主动性。

在分层管理过程中，可以积极调动学习委员、课代表、小组长等参与到对英语分层教学管理中来，通过学生队伍管理水平的提升，最大限度地发挥分层教学管理优势。为了更好地调动学生自主管理的积极性，可以在每个班级中设立一定数量的"教学信息员"，由学生进行"分层教学信息反馈"，听取学生意见，也让学生知晓学校是怎样对他们实施管理的。建立学校教学管理部门与学生的沟通与反馈机制，时刻监督分层教学管理的实施效果。让学生为分层教学管理提意见和建议，不断对分层教学管理进行改进。合理利用学习结果和过程的反馈信息，让学生了解学习结果，看到自己学习中的进步和困难，这样更能调动学生学习的积极性和参与管理的主动性。

（2）教师管理层面

建构主义的教师观认为，教师是学生学习的帮助者和学习者，教师对分层教学管理的意识、教学技能、专业素养提高以及教学方法的不断丰富和革新对学生英语综合素质的提高有积极作用。

第一，提升英语教学专业核心素养及分层教学管理素养。科层制管理的一个显著特征是专业分工，同时，专业分工也是人类社会政治经济发展到一定程度的结果。专业分工有利于保证教学工作井然有序，使教师的知识和能力更专业化，更善于履行专业职责，教学管理部门也更能有针对性地聘用符合条件的教师，也是保证教师具有较高专业水准的重要前提，从而保证教学工作顺利开展。

教师的英语学科专业素养要求教师能够熟练掌握英语学科的知识结构体系，了解英语与其他学科（历史、地理、政治等）的相互联系，掌握进一步学习和研究学习英语的基本方法，适应知识更新、培养学生情感、态度、价值观、创造意向和能力的要求。对于优秀的英语教师来说，应该不断更新英语相关知识体系，提升英语教学管理技能，更新英语学科教学和心理学、管理学相关的理论知识，在教学实践中将理论和实践结合，推动自身英语学科素养不断完善。

教师需要入职后继续学习，有终身学习的理念，在教学管理过程中不断虚心向其他优秀教师（英语学科和其他学科）学习，通过多种学习方式（网络、书籍、听课、研修等）来不断储备知识，不断探索教学方法，具备较为扎实的语言功底，不断提高和发展专业知识技能，使学习成为一种内在需要和习惯。

教师的分层教学管理素养与分层教学管理的实施效果紧密相关，在分层教学管理中，就是需要用分层教学和管理的相关理论知识，结合自身实践，推动英语分层教学管理的顺利进行。

第二，推动教师集体协同管理。学校的发展离不开教师和学生的共同努力，英语分层教学管理也是如此。在分层教学管理过程中，有时单靠个人能力很难处理错综复杂的问题。这就需要教师组成团体，建立团队合作。英语分层教学管理中，教师面对的是三个层次的学生，如何进行有效的教材管理，显得尤为重要。教师之间的交流、合作、分工，共同探讨对教材的整合，以及在整合教材后面临的问题，如何针对不同的班级，对教材整合后的微调等，以及在教学管理过程中面临的新问题，也可以通过集体教研等方式来更好地探讨。

为了更好地提高分层教学管理质量，学校需要保证与下属组织、教师之间及教师与学生之间的信息沟通，使学校、科室、教师、学生等相关人员都对英语分层教学管理存在的问题及质量现状做到心中有数。部门之间的协作将会使英语分层教学管理更加高效。

第三，加强对教师分层教学的校本培训。高职英语教师的校本培训能够帮助教师尽快掌握分层教学的正确有效的方法。高职英语教师普遍存在的问题是课时多，教学任务重，压力大，科研能力差，教学经验与专业知识联系不够紧密。为了改变高职英语分层教学难的状况、促进高职英语教师的共同发展，学院需要开展校内培训活动。校本培训要结合本地区学生的特点和基础，开展以学生为中心的教学活动，采取灵活多样的教学方法。

（3）其他教育管理方面

第一，转变观念，积极制定分层教学管理计划。学校的发展离不开教育管理者的重视，分层教学管理的发展与教育管理者的重视程度密切相关。所以，提高管理者的认识态度，更新教学管理理念，可以保证英语分层教学管理的有效实施和顺利推行。

法国管理实践家亨利·法约尔指出，对所有公司来说最重要的、最困难的就是制定行动计划。领导要主动采取行动来制定计划、指出计划的目的和规模来履行管理职能，让各部门在计划中各就其位。学校教学管理包括分层教学管理尤是如此。

分层教学管理计划是指为了确保教学顺利进行，学校相关行政管理部门指定的指导性文件。分层管理教学计划对教学实施操作校本化，兼顾学生之间的个体差异，以此来满足学生需求，对教学的整个过程具有强力的掌控和导向作用。首先，结合学校的实际情况，制定计划，确定英语分层教学管理目标，包括短期目标和中长期目标。其次，将分层教学管理目标分成教师个人目标和年级组、教研组部门目标。学校管理者与教职员工民主协商，共同形成目标分解方案，细化到每一位教师在哪一阶段应该达到什么要求。如何围绕既定的计划和目标开展活动，通过丰富的教学组织方式去实现既定的教学目标，在教学计划的实施过程中适时进行评估，不断调整计划，确保计划更符合学校和学生的实际需求。

第二，组织协调相关人员，层层落实责任，优化管理层级。设计好分层教学管理计划后，要确定好参与管理人员，包括管理者、教师等。按照劳动分工的原则将组织中的活动专业化是组织设计任务的实质，而且劳动分工要求组织活动保持高度的协调一致性。

科层管理理论强调根据层级目标实现劳动分工专业化。校级领导下放管理权到科室领导，科室领导下放管理权到年级组和教研组，再由年级组或者教研组下放权力到备课组，直至教师。通过明确的责任分工和严格的落实举措，确保教学、管理活动的每一个环节环环相扣，有序推进。管理者在分层教学管理过程中的重要职能是组织协调，包括教学协调、教师协调、课程协调、管理协调等；学校优选学科备课组长、各年级总负责人及各学生层次总负责人，确保每一层次相关工作人员分工明确、各司其职；教师的主要职能是参与教学工作的整个过程，包括通过对学生个体差异的分析，对学生进行合理分层，参与教学制定计划，有序进行教学活动，确保教学任务的高效完成。

学校管理者对分层教学管理进行宏观调控，方向上引导，政策上倾斜，为英语分层教学管理创造良好的客观环境。抓好教研组分层教学管理建设和对骨干教师的培养，使分层教学管理工作有带头人、排头兵。为分层教学管理颇有成效的班级和教师颁奖，参与分层教学管理的教师在年终考绩效考核时享有一定加分，从而调动教师积极参加分层教学管理。加强学校间的交流，学习分层教学管理成效显著学校的先进经验。学校可以成立分层教学管理小组办公室，听取教师和学生在管理过程中的意见和建议。

科室管理者如教研室可以协调排课，将英语教师的课表集中在某一天上午或者下午，另外半天空出，便于教师集体学习、教研。尽可能多地组织协调专家到校指导英语分层教学管理，进行示范课展示，为教师的管理提供新见解，积累新经验，使教师能够创造性地解决英语分层教学管理中的新问题。安排教师到校外重点高职院校跟岗学习，充分借鉴其他学校的优秀教学管理经验。

年级负责人每周召开各层次负责人例会，分层指导，逐级落实责任；层次负责人组织教师参加教研活动；学科组长按年级统一要求，抓好组内教研活动、常规教学、示范课、汇报课等相关工作。

学科备课组首先要调查学生现状，不仅要了解每个学生的学习基础、能力水平，还要清楚学生的兴趣爱好、特长等，弄清影响学生成长的基本因素。根据分层学科课程管理的要求，确定对班级各层次学生的教学目标、教学内容、教学进度、教学策略和教学方法以及课后分层辅导、分层作业、分层考核和分层使用资料计划，并提交三个层次的教学管理计划给年级组长，年级组长审核修改后上交学校教务处。同时，向学校相关管理者汇报教学基础设施需求。年级组提交计划后，由年级教务处分管领导和学科指导委员一起审核，提出有指导性的调整意见，根据教学建议，严格执行相关教学管理工作。

在实施管理过程中，学校管理者要加强与下级相关部门的沟通，了解人员安排是否合理，教学管理目标是否有可操作性，教师工作是否有积极性等，及时分析研究相关问题，层层落实责任，采取有效措施协调相关人员，促进教学管理过程顺利进行。

3. 构建立体评价体系

英语作为一门语言习得和知识积淀的语言类课程，要坚持以分层、动态、多元的评价方式开展学生的学习过程与成果评价。实际教学中，对基础组、提高组不同层次的学生制定不同的评价标准，从课内课外、线上线下、理论与实践、工具和人文等方面多维度、全方面进行评价，各评价要素彼此融合，形成立体评价体系。

（1）建立多元化的评价主体

传统高职英语教学评价的主体为教师。分层多元教学评价下，教学评价应包括教师评价、学生自评、学生互评等其他形式。教师评价要以学生英语学习发展为评价内容，全面反映不同层次学生组别对英语基本知识和英语能力的掌握和运用；学生自评要以学生的学习态度和学习状况为主，自主诊断，及时调整、完善学习策略和进度；学生互评要让每一名学生得到相对客观的他人评价，创设相互学习条件。

（2）建立多元化的评价内容

英语兼具工具性与人文性。高职英语课程目标中要求职场涉外沟通、多元文化交流、语言思维提升和自主学习完善四项核心素养协调发展。分层多元化教学评价下，评价内容包括针对不同层级、不同组别的学生在知识、能力、情感等方面的相应的教学目标、教学内容和教学方法。

工具性角度下，教学评价应主要反映不同层级、不同组别学生学业内容的完成情况，包括英语语音、词汇、语法、语篇知识以及听、说、读、写、译等技能；人文性角度下，评价内容包括学生多元文化知识获取、思维品格提升、英语学习策略优化等方面的素养。因此，高职英语教学评价内容要同时具有工具性评价和人文性评价的双重标准。

第六节　混合式教学模式

一、混合式教学模式概述

（一）混合式教学模式的概念

混合式教学模式是一种将在线学习优势和传统教学优势相结合的"线上＋线下"的教学模式，这种教学模式从表现形式上看是采用"线上"和"线下"两种途径开展教学的，通过两种教学形式的有机结合，"教"和"学"不一定要在同一时间、同一地点发生，不仅拓展了教与学的时间和空间，还可以将学习者由浅入深地引入深度学习，当前主要是指把面对面的课堂学习和在线学习这两种典型教学形式有机衔接。

结合前人的研究成果，可以将混合式教学模式定义为有机整合线上与线下课堂的教学优势，基于师生双方需求分析出发，把握线上线下比例，采用合适的教学模式，围绕教学目标、教学环境、教学资源、教学内容、考核评价与教学评价等方面进行混合式教学设计，旨在提高教学效率的一种教学模式。

（二）混合式教学模式的步骤

华南师范大学教授李克东在其研究中针对性地对不同的混合式教学模式设计过程进行了探讨，经过李教授的分析发现混合式教学模式普遍包括如下几个步骤：

明确教学目标、预估教学效果、确定平台与媒介、完成教学计划编制、确定保障策略、教学方案实施、学习效果评估、反馈式修订等。

二、混合式教学模式在高职英语教学中的应用

（一）混合式教学模式的应用优势

1. 有助于提高高职学生的英语水平

一方面，混合式教学模式有利于提高学生自主学习英语的能力。例如，在对某一高职班级实施以"A Brand New Day"为主题的教育实验中，教师先在线上布置学习任务，让学生自主阅读有关"Why did you choose the college？"的英语句子，学生通过英语词典等辅助工具，查出不会的单词及短语，并根据自己的实际情况进行思考，整理并回答问题，提高学生自主学习英语能力的同时也提高了英语口语水平，进而对接下来的线下课堂充满了期待。

另一方面，混合式教学模式有利于吸引学生兴趣，提高学生参与课堂的积极性。例如，在对某一高职班级实施以"True Love"为主题的教育实验中，教师向学生布置了两个任务并告知学生在线下课堂中将要对其进行讨论，学生通过充分准备，为线下课堂的开展奠定了良好的基础，使学生在线下课堂中积极参与课堂，提高学生的学习积极性。

总而言之，线上课堂打破了时间和空间的局限性，使学生有足够的时间进行自主学习、自主思考，为课堂中回答问题做足准备，使线下课堂中学生的课堂积极性增强，线下课堂中学生进一步系统地学习较难的英语知识，并通过习题进行巩固，使得学生的英语水平得到增强。

2. 有助于推动高职英语教学模式改革

部分高职院校资金有限、教学条件设施不完善，一些学校对英语要求低、对英语课程不重视，部分高职学生英语基础差、英语课堂纪律散漫现象严重等原因，造成高职英语课程举步维艰，英语教学模式改革势在必行。

通过相关研究实验结果可以看出，混合式教学模式有利于提高学生英语水平，提高学生学习英语的主动性和积极性；有利于及时把握学生学习进程，增强课堂学习的针对性；有利于打破时间和空间的限制，提高教师英语教学的质量和效率；有利于改变传统的课堂结构，转变以教师为中心的传统教育理念；有利于促进信息技术与课堂教学的深度融合，深化高职英语信息化教学模式改革。

（二）混合式教学模式的应用策略

1. 深化教师和学生对混合式教学模式的认识

（1）深化高职教师对混合式教学模式的认识

高职教师应先深化对混合式教学模式的认识。混合式教学模式的顺利实施，首先取决于教师能否将混合式教学模式引进英语课堂。如今部分高职教师对混合式教学模式的运用仍存在排斥，将混合式教学模式运用于课堂意味着高职教师需要重新学习这一新的教学模式理论，需要花费时间和精力对如何更好地运用该模式进行研究探索，需要学习新的网络技术，需要花费更多的时间为学生整理优质的教学资源。除此以外，有一部分教师提出，高职学生线上学习的自觉性不能得到保障，如果线上课堂内容完成不了，线下课堂很难开展。

21世纪信息化时代的到来给各行各业都带来了强烈的冲击，5G技术、电力信息化、金融信息化、酒店信息化、物流信息化等都在应运而生。在新时代下，高职教师必须顺应时代的潮流，认识到混合式教学模式改革是高职院校教学改革的趋势，也是教育部对高职院校、高职课堂的要求。在如今时代下，高职教师必须认识到建设以学生为主的课堂的重要性，认识到教学是为学生服务的，认识到如今的课堂需要培养学生的自主学习探究能力、独立思考能力、创新能力，通过多媒体等多种工具加强学生与当今社会的联系。因此，推动高职教师教学理念的改革，使混合式教学模式切实运用于高职课堂对现代信息化教学改革具有深远的影响。

（2）深化学生对混合式教学模式的认识

进入高职院校后，学生更关注于专业课的学习，对英语的学习多是为了应付考试，因此，许多学生在高职英语课堂中表现出越来越消极的态度，高职英语课堂教学改革势在必行。在混合式教学模式的开展过程中，大部分学生可以根据教师的安排和课堂节奏完成线上和线下的学习任务，积极融入课堂，使英语能力得到进一步的提升；而有一部分学生，由于受到本校教学条件的限制以及传统教学模式的影响，无论教师还是学生都习惯于教师单方面讲授、学生一味听讲的传统线下教学模式，对混合式教学模式知之甚少，且不愿意接受新的教学方式，使得英语水平和成绩与其他同学存在明显的差距。

因此，应转变学生对高职英语的观念，让学生明白英语的重要性，深化学生对混合式教学模式的认识。一方面，对于将来有提高学历要求的学生来说，英语考试在专升本、函授考试、研究生入学考试等考试中都占有举足轻重的地位，对于直接就业的同学来说，掌握日常生活中的常用英语会使他们在职业竞争中处于优势地位。另一方面，随着高新技术的不断涌现，混合式教学模式使学生近距离地接触当今社会形式，直观地通过视频等网络手段了解学习最新的岗位知识，培养学生自主学习能力，发散学生思维。因此，要让学生重新认识混合式模式，混合式教育模式的开展不仅是学生全面发展的需要，更是时代进步的需求。

2. 完善教师对学生管理的促进策略

（1）重视线上交互管理，营造英语线上学习氛围

建构主义学习理论认为，学习需要在某种特定的情境中发生，学习者通过社会交往和周围环境的交互，既能解决问题又可获取技能。在英语混合式教学中，学生可在网络教学平台上进行互动交流，通过宽松自由的交互实现英语知识与技能的建构。其实，无论是面授教学还是线上教学，师生之间与学生之间的交流互动都同等重要。多种形式的交流互动和共同探讨能够帮助学生深入理解所学内容，开拓学习思路，激发创造性思维。因此，关于如何通过网络教学平台，为学生创设一个畅所欲言的交互环境，如何调动学生参与线上讨论的积极性，营造英语线上学习氛围，教师可从以下三个方面着手。

首先，教师可以预先定好讨论的要求和规则。例如，要求学生在网络教学交互讨论平台上每周至少发表观点两次，其中一个是经过自己思考的原创观点，鼓励学生根据个人的英语阅读与学习情况结合所关注的焦点提出自己的新思考和新观点。另一个观点可以是对他人所发帖子的回应，要求必须表达个人的见解与看法，而非简单的"Yes！""So good！"这般的帖子。

其次，要求学生发起的讨论应考虑学生的参与度，好的问题讨论应该是能激发讨论的热情，让每个人都积极参与，成为其中的一分子。要求学生坚持在学校网络教学平台讨论区发表讨论，非特殊情况不通过其他方式讨论，以便英语课程中所有的讨论记录都保存在平台的讨论区。这样既有利于学生的复习，又有利于教师对学生进行过程性的考核与评价。

最后，教师可结合单元学习任务，定期举办一些论坛活动，例如，在每个单元学习结束后，教师组织讨论一个话题。

此外，为减轻教师工作负担，交互讨论的管理可指定英语课代表或选定学生作为助教协助论坛的组织与管理，帮助统计参与讨论的人数，及时提醒没有参与讨论活动的学生。但是，需要注意的是在组织线上讨论活动时，教师要关注学生参与讨论的情况，及时发现问题，充分利用讨论平台功能进行评分、回复与鼓励。

对一些高质量的讨论帖子进行登记，并给予肯定，从而实现线上交互的有效性。

（2）领会学业评价意涵，发挥学业评价作用

学业评价是学科教学管理中一项非常重要的工作，是教师对课程教学做出判断的过程。通过学业评价，可以诊断教学中的存在问题，及时发现和了解学生的学习情况，预测教学需求，判断教学效果，确定教学目标的达成程度，并据此改进教学及其管理策略，调整教学的进度与安排。简而言之，学业评价就是为学生"把脉问诊"，了解学生是否在学习，学得如何，哪里出现问题。因此，如何将线上学习与面授课堂活动两者的评价相结合，使混合式教学的学业评价更加全面是强化混合式教学管理的助推剂。

在开展混合式教学学业评价活动的过程中，应明确以下几点要求。首先，教师对学生的评价应有利于混合式教学的改进。学业评价的目的在于发现问题、查找原因、提出改进的方案与建议，解决问题，然后，结合实际调整教学措施，提高教学质量。因此，在评价的过程中，要发挥其诊断与改进教学的作用，而不仅仅把评价当作对学生学习的鉴定手段，避免引起学生消极和应付的学习行为。其次，评价应以促进学生的进步与发展为目的。教师要预先了解学生线上线下学习的综合情况，要避免只重学习结果，而忽视情感以及实际操作的过程性学习。尊重学生英语学习基础和能力的个体差异，让学生感受自己的成长与进步。最后，为确保对学生线上线下混合式学习评价的科学性与实效性，应设计科学的混合式学习评价方案和标准。课程学习的评价方案可作为课程混合式教学设计的一部分，并在第一堂课上对学生进行介绍与说明，让学生在英语混合式教学中对自己的线上线下学习有所把握，做到心中有数。

（3）科学制定评价标准，强化英语线上学习督导

针对部分教师对学生线上学习缺乏监管与督导、不善于利用网络教学平台对学生进行线上自主学习考核、对学生线上线下混合学习评价方式单一等问题，教师应结合英语混合式教学的特点适当丰富评价手段，建立相对合理的评价标准。不同于传统教学模式下的学习，学生在混合式教学的线上学习中若缺乏教师的督导，全凭自己的自觉性学习，有些学生可能由于学习自觉性不高而造成学习无计划性和盲目性，对此，教师应通过对学生线上学习的有效监控和督导，制定英语混合式教学过程性学习的评价标准，从而有效促进学生的线上学习行为以及学习效果。

混合式教学模式具有时效性、共享性和交互性的特点，因此，其学业评价具

有综合性。教师可将学业评价设计为包含教师对学生的评价、学生个人对自己的自我评价、学生之间的互评三种形式。

第一，在教师对学生的评价中，可根据网络教学平台上的后台访问与浏览统计数据中的"成绩管理"进行权重比例设置，包括学生签到、课程视频的学习、章节学习次数、章节测验、讨论等情况。例如，在高职英语课程的线上学习评价中，将签到的比例设定为10%，课程音视频的比例为30%，章节学习次数的比例为20%，作业的比例为10%，章节测验的比例为20%，讨论的比例为10%。

值得注意的是，教师对学生线上学习量化的评价指标权重设置是灵活可变的，教师可根据课程设计需要与学生的具体情况进行灵活调整。除了对学生的线上学习进行量化评价，还可以根据课程需要，对学生的学习进行非量化评价。非量化的评价标准是指对学生英语混合式学习的综合表现及存在问题做描述性的评价，如在答疑中是否积极提问，是否愿意完成一些带有挑战性的拓展任务，是否积极参与线上合作学习等，这些也可视情况作为英语混合学习总成绩的一般参考。

第二，开展学生自我评价活动。自我评价是一种高阶思维能力，是学生对个人学习行为的自我监督。在英语混合式学习中，教师可以帮助学生树立自我评价的意识，设定自我评价指标，包括学习态度、合作学习情况、学习效果、师生之间的交互以及同学之间的交互等方面的自我评定与自我衡量。

帮助学生通过自我评价发现问题，促进自我反思、深化对英语课程混合式学习的认识，明确进一步学习的努力方向。值得注意的是，学生自评旨在为英语混合学习的综合评价提供辅助性的参考，但一般不纳入总成绩的最终评定。

第三，发挥学生互评的作用。混合式教学中网络教学环境的交互性、共享性不仅增加了师生之间的交流互动，也为学生创设了一个交流互动的平台，学生之间有了更多的交流机会。因此，学生之间的相互评价也为英语混合式学习的综合评价提供了一个重要参考，让学习评价更加全面。教师可结合实际设定互评的内容，例如，在英语的写作与语音朗读的教学中，教师可预先设定讨论主题，让学生把完成的英语作文和语音作品提交到相应的主题讨论区，然后由学生进行点赞、评论等。对获赞与评论数量较多的作品给予及时肯定，并可以此作为综合评价中过程性考核评价的参考。

综上所述，在进行学业评价设计时，要多方综合考虑评价方式，不仅要考虑期末考试成绩，还要考虑平时的表现。只有将学业评价与学习督导相结合，多角度探究因果关系，设计具有启发性的评价方案，才能帮助学生明确未来的学习目标和努力方向。

第七节 "输入—输出"教学模式

一、"输入—输出"教学模式概述

（一）"输入—输出"教学模式的含义

输入（input）指的是听和读，输出（output）则是指说和写。随着科学技术的发展和教育教学研究的深入，已经由单一的输入方式转变成多种输入方式并用，教学实践中探索多种输入方式的同时运用并获得成功的教学案例也层出不穷。

大量输入语言信息的特征是确保英语课堂教学节奏明快、各个教学环节衔接紧密、师生语言表达自如流畅、教师灵活利用多媒体以及手势等课堂教学手段，调动学生参与语言实践活动的积极性，同时加大学生接触外语语言材料的信息量，创造机会让学生尽可能地使用英语。

此外，教师要通过精心设计课堂情境、合理设计课堂教学任务以及优化课堂等教学过程，使学生操练密度加大，同时扩大知识覆盖面，增加语言实践量，从而加大语言的输入、输出量。

（二）"输入—输出"教学模式的理论依据

大容量输入、输出语言信息的教学模式以习得理论为基础，符合认知规律，符合语言学习的特点，适应课程标准的要求，重视开发人的学习潜能，提高学习效率。因此，英语教学改革需要大容量输入、输出语言信息。

二、"输入—输出"教学模式在高职英语教学中的应用

（一）"输入—输出"教学模式的问题反思

1. 不重视语法与发音的教学

大多数高职英语课程时间有限，而且课程非常紧凑。为了更好地完成教学目标，加快教学进度，高职英语教师词汇教学中投入的时间相对较少。为了进一步缩短词汇教学时间，很多教师在进行中文翻译教学与词汇的拼写时，不重视词汇的应用。从语音教学方面来看，一些教师往往只是带领学生阅读两遍，并未对学生的读音进行检查。另外，词汇的语法含义也是教师经常忽视的内容，大多数教

师在进行词汇教学时，并不会对词汇的语法进行特意讲解。在文本阅读教学中遇到重点词汇时，才会进行简单的讲解。

2. 缺乏明确的教学目标

高职英语教学过程中，一些教师往往会出现不分主次的问题。虽然需要尽可能地节省基础知识的教学时间，但是多数情况下，教师会在坚持"多背"原则的基础上开展教学活动。换言之，教师组织的英语教学活动并未突出重点，增大了学生的学习压力，降低了英语课程的学习效率。

3. 缺乏词汇复习与巩固

通过研究发现，部分高职英语教师在词汇教学过程中，往往只是单一地讲解词汇的用法，而忽略了词汇学习方法的教学。此外，在具体教学实践中，忽视了学生的认知特征，并未实施有效的词汇学习策略指导。所以，很多教师采取填鸭式教学，导致英语教学的输入效果不理想，最终影响了英语的输出。

（二）"输入—输出"教学模式的应用策略

1. 树立正确的英语教学理念

课程改革要求我们正视应试教育和素质教育的差别，传统的应试教育只注重学生基础知识的操练和培养，在牢固掌握英语知识的基础之上学会一些应试技巧，这些目的都是使学生拥有良好的英语考试成绩，为下一阶段的英语学习做准备。而要树立正确的教学理念，就需要结合素质教育和应试教育，不能一味追求让学生掌握超纲的词汇量，而是要将英语学科和其他学科融会贯通，培养学生的创新能力和迁移能力，使学生融合多方面的知识进行英语知识的产出。

2. 制定计划科学施教

高职英语教师应深入了解学生当前的英语水平，根据学生的实际情况制定科学合理的教学计划，循序渐进地提高学生的英语各方面能力，不急于求成，不揠苗助长。在教学过程中提高英语教学的可理解性，在教会学生听和读的同时有意识地训练学生的口语及写作等输出能力，不断探索有效提高学生英语综合能力的教学方法。

在教学课堂上通过与学生互动，避免出现学生在英语课堂上听一听、记一记，课后一下子就忘的情况。通过观察学生的反应，确定学生是否跟得上教学节奏，形成有效的输入反馈。根据学生的需求调整教学方案，设计并实施难度适宜的教学活动，以学生为主体，科学开展英语教学，确保英语输入的有效性与适用性。

英语教师要在高职英语课堂上平衡好学生英语输入和输出之间的关系，让学生提高听和读的质量的同时，提高说和写的能力。

3. 鼓励学生加强实践

学生如果没有丰富的知识与经验的积累以及一定强度的训练，英语综合能力难以提高。由于课时和课堂时间的限制，课堂上可以提供给学生练习口语及书面表达的时间并不多，仅有课堂教学是不够的，因此，英语教师应鼓励学生在课堂之外多练习、多实践。提高英语输出的实践性，将生活化英语教学落到实处，多尝试使用英语进行沟通交流，例如，引导学生养成用英语写日记的习惯。尽可能运用生活中的英语教育资源进行生活化教育，引导学生在日常生活中抓住学习英语的素材，将英语学习延伸到课堂之外，探索更多适合锻炼英语能力的真实情境，让学生真正做到学有所得、学有所用。

4. 尊重学生个体差异

目前，很多班级授课中，教师依然采用相同的教学方式进行全班教学，忽视学生个体差异性，导致一些学生无法用目标语进行交流，英语语言的输出能力低下。因此，在具体的英语教学实践中，教师要学会因材施教，深入了解每个学生的学习风格和学习水平，这是进行英语教学的基础和前提。教师要根据学生个体差异有的放矢地进行教学，正确对待每一个学生。

此外，教师还要一分为二地看待学生。例如，在课堂中，提问的时候让"后进生"回答比较简单的问题，给他们多一些自我展示的机会；让"中等生"回答一些对他们来说具有挑战性的问题，促进他们增长学识，能踮起脚往上"拔一拔"；让"优秀生"回答稍微困难的问题，使他们不断进取，不断内化新知识，促使语言能力增长。

第八节 研究性学习教学模式

一、研究性学习教学模式概述

（一）研究性学习教学模式的定义

研究性学习虽然涉及许多学科的综合知识，可它并不是活动课程或由几门科目组合而成的课程。研究性学习虽然是学生进行自主活动的课程，但它是以科学研究为中心的课题研究活动，非一般性活动课程。研究性学习也不是一个处理问题的课程，但它却依附于问题的提出而存在。研究性学习并非被迫接受性的学习而是一种主动参与课题研究的过程。

总而言之，研究性学习教学模式是指在创新性教育观念的指导下，以建构主义心理学和发现说为理论基础，坚持以学生为中心，以自主学习为主要路径，以能力培养为价值取向，重视探索、研究、发现等学习实践过程。

（二）研究性学习教学模式的特征

1. 自主性

研究性学习教学模式的自主性强调了学生在学习过程中的主体性，实质在于学生自我意识的能动体现，能充分发挥自我的主观能动性。自主性学习是相对机械性学习而言的。在传统的接受式学习中，学生只能感觉到自己需要学习，却不清楚自己为何学、学什么、怎么学等问题，就像是一个被灌输知识的容器，只能按照教师的规划、朝着教师期望的方向被动前行。尽管被动式的接受学习能够让学生快速学习到知识，但学生知其然却不知其所以然，只能将知识点生搬硬套到题海中，这样僵化的教学模式扼杀了学生自主发挥的空间。而将研究性学习教学模式应用到高职英语教学中的意义在于激发学生对高职英语课的兴趣，有了兴趣就有了自主学习的倾向性和心向性，学生自行选择和英语课相关的、想要钻研的课题，自行组成兴趣小组，自主设计课题成果的展示形式，为学生的研究过程创设广泛的自主空间，这种自主性学习是有意义的学习。学生在探索过程中的自我设计、自我调整、自我反思、自我展示，能够使学生清晰地认识到为什么而学，学到了什么以及如何学习，研究性学习教学模式为学生的认知发展创造了一个良好的空间。

2. 时代性

研究性学习教学模式特别要求学生关注时事、洞察热点，近几年，英语考试中会出现一些现实生活中的社会问题，如将时事热点作为切入点，希望学生从不同思维角度来思考命题背后的深意，联系自己乃至集体社会的实际生活。学生在选择研究性学习课题和开展研究性学习的过程中，结合教材内容，与自己日常的所见、所思、所感紧密相连，思考当前的生活现象，提高学生运用英语理论知识的能力，习得分析问题和解决问题的技能，有利于在社会中实现自我价值。

3. 开放性

研究性学习这种教学模式会使学生们处在一种动态、开放、生动、多元的教学环境和氛围中。这种充满活力和开放的教育方式体现为活动、内容与问题之间的开放性。基于课题研究的学习改变了传统学习的僵化模式，学生的学科意识增强，积极参与研究活动。从个人、团体、社会和其他活动中体现了教学结构从封闭到开放，课题研究应该贯穿整个英语学科课程，着重培养学生在学习过程中的个人创造性表达能力，让学生成为目标设计的参与者、课题研究的开发者、有经验的思维锻炼者，并使其在实践中发散思维、解决问题。

研究性学习有别于传统教学的刻板模式，不仅旨在关注问题研究的结果，而且强调学生对不同主题的观察、思考再到深入研究，这个过程会培养学生创造性地解决问题、归总问题、研究规则、探索规律的科学精神。

4. 实践性

研究性学习教学模式的实践性意味着，学生不应单纯努力地学习教科书知识，更应该从中获得生活经验和社会体验。高职英语的内容与现实生活密切相关，学生可以通过连接现实生活和社会互动，在社会实践中测试和应用知识，形成知识的再创造。研究型学习教学模式还强调学习者的主观性，使他们获得理论知识、直接经验和情感训练经验，边做边学，学会求知、学会做事、学会生活；在实践中，新的挑战和需求不断出现，有必要提高学习者评估、判断和推理的能力，帮助他们创建自己的思维体系。此外，研究性学习教学模式鼓励学生积极参与活动，专注于现实生活，以及锻炼他们解决实际问题的能力。

（三）研究性学习教学模式的形式

1. 个人研究模式

个人研究模式是学习者进行研究学习的基本方式，是小组和集体研究模式的基础。个人研究模式学习的特点是采用灵活多变的学习方法，注重学生独立性的培养。在进行个人研究活动时需要注意的是，这一模式是将全体学习者都视为一个生命体并且独立地进行个体研究活动，在课堂上与同学探讨、分享研究的成果，并非从班级里挑选一个人单独地去进行研究活动。

2. 小组研究模式

小组研究模式是指在课堂中，通过教师的统筹安排，将班上的学生分成几个小组，且从每个组中选择一个组长，并让组长带领该组的成员们继续进行探索。

根据教师所提出的问题，各组组长为该小组成员划分各自的任务，带领小组成员开展高效、有序的研究性活动。小组研究模式的优点是，既方便了教师的课堂管理又能使学生在短时间内通过相互间思维的碰撞获得更多的知识与信息，组长也能更高效地进行收集、整理与记录。

3. 集体研究模式

集体研究模式是教师带领全班同学一起进行的研究活动。集体研究模式的特点是，进行研究活动的人数较多，学生们各抒己见，思维相互碰撞从而擦出火花，使得学生在研究性学习过程中能够收集、整理到更多有效的内容。单枪匹马的力量是有限的，只有集体作战才能全方位地去思考问题、讨论问题的解决方案，从而得出综合全面的结论。

4. 小组、集体结合研究模式

小组、集体结合研究模式是在教师进行教学研究活动的过程中，为了满足课程设计的需求，不断将小组研究模式和集体研究模式进行相交变化。小组、集体研究模式的优点是，对于教师所布置的研究课题，各小组成员收集到的资料是多角度、多方面、互相补充的，资源的共享能够使得全体学生在短时间内获得更多的新知。

5. 个人、小组、集体结合研究模式

个人、小组、集体研究结合研究模式是指在课堂教学中，由于教学内容的不同，所需采取的研究方式也不同。在个人、小组、集体结合研究模式中，个人研究是研究活动的基础，小组、集体研究是深化和发展。根据教师所布置的相关研究课题，通过个人搜集资料—小组统计资料—集体整理归纳资料，从而获得研究成果的最大化。个人、小组、集体结合研究模式的特点是活跃课堂气氛、丰富研究形式、挖掘学生潜能、提升学生综合能力。

（四）研究性学习教学模式的基本类型

1. 封闭型

封闭的研究性学习教学模式通常被使用于以问题的形式出现的简单、小范围的研究课题中。教师在课堂上的主要教学形式是组织研究性学习活动，通常以一课时或一单元为单位。

2. 开放型

开放型研究性学习教学模式是以课外探索为主要活动形式存在的，是一种从个体到集体，研究中心围绕着个人或小组的教学模式。在开放型研究性学习教学模式中，学生会通过观察研究、调查采访、资料收集、分析交流等流程得出研究结论，以此来完成教师布置的一些课题。开放型研究性学习教学模式需要学生从多角度、多形式、多渠道、多时间等方面着手才能顺利完成。教师需要给予学生充分的研究时间且对学生要有足够的耐心，时刻关注学生的研究进度。

3. 半封闭半开放型

半封闭半开放型研究性学习教学模式的特点是根据课题的研究需要，将课外研究与课内研究结合起来，也就是将开放型与封闭型相结合，两者的结合可以丰富研究的形式。这种研究模式注重的是学生的自主参与程度、学习态度以及在课题提出的基础上展开思考的过程。

二、研究性学习教学模式在高职英语教学中的应用

高职英语教学是学生提升语言能力的关键一环，在这个过程中使用研究性学习教学模式能够提高学生的语言运用能力，为其以后走入社会进行语言交际打下良好的基础。研究性学习教学模式是一种开放型的教学模式，在英语的不同教学内容中都能得到广泛应用。

（一）研究性学习教学模式的实施原则

1. 个人意义原则

在高职英语教学中，研究性学习教学模式的一些原则与传统的有意义学习有着很大不同。专注于在传统教育理念中鼓励有意义的学生学习意味着学生领导力的提高。研究性学习过程强调学生自我评估的原则，意味着通过基于探究的学习，学生不仅可以有效地运用他们的思想，还可以发展他们的价值观。这一教学模式得到广泛推广和发展，可以使学生通过在英语课堂中应用研究性学习来提高英语水平，并促进学生综合阅读理解能力的发展。

2. 引导性原则

研究性学习教学模式的引导性原则为，在研究性教育过程中，教师要转变传统的教育观念，主张以学生为主体，教师有效引导课堂，有效地将教师指导融入学生的自主学习过程中，实现高职英语教学改革，提高英语教学效果。在教学过程中，教师应采用有效的方法来引导学生的学习，同时建立一个框架，引导学生完成研究和学习。教师帮助学生制定研究性学习的目标和课程，并帮助他们选择

正确的研究性学习方法，从而将研究性学习融入英语课程中，以展示完整的个性和独立性。教师要主动采用研究性学习教学模式，鼓励学生取得积极的学习成果。

（二）研究性学习教学模式的应用策略

1. 转变教学观念，改变教学方式

教师在备课过程中要转变教学观念以及教学模式。英语不仅仅是一门考试科目更是一门语言。因此，应对考试不是学习英语的根本目的，将英语运用到生活中才是终极目标。这就需要教师在授课过程中想尽一切办法将英语融入课堂的每分每秒。例如，教师在上课过程中要尽可能地用英语代替中文进行表达，并针对学生举一反三的能力进行专门培训。

2. 改变学生的学习方式，采用小组学习法

在高职英语教学中，学生的学习方式往往以单人学习为主，学生长期自主学习则会忽略团队的意识，而研究性学习教学模式更加注重学生合作解决问题。因此，教师在高职英语教学中不能将自己的发言作为教学的主要内容，而应更加注重学生的发言以及学生与学生之间的讨论，并且在每节课中，教师务必给学生留出一定的时间让前后左右的学生进行讨论，让学生在相互讨论中发现本节课自己不会的知识点，从而对自身出现的问题以及课堂中出现的问题加以解决。

第六章　高职英语教学改革的策略

　　高职英语教学改革涉及高职英语教学的方方面面。高职英语教学改革也应讲究一定的策略，才能保证高职英语教学的科学性、合理性和可持续发展性。本章分为高职英语教师的角色调适、高职英语人才培养的优化、高职英语课程思政教学改革、高职英语实践教学体系构建、高职英语数字化教学资源建设与应用、高职英语职业技能竞赛组织、高职英语考核评价体系改革七个部分。

第一节　高职英语教师的角色调适

一、提升高职英语教师专业发展

　　要建立多元教师知识体系，高职英语教师教育要科学融入教育学、心理学、社会学等相关学科的课程。高职英语教师在课程实施中要改变单一的学科知识观，学习课程相关理论知识，有效地将教育学理论与英语学科教学理论知识结合；了解学习心理学，掌握高职学生学习心理，根据学情设计更有效的教学活动；同时高职英语教师要拓宽自己的知识范围，提高自己的人文素养；加强对现代职业教育理念的理解，构建教师自身多元知识体系，提升课程实施有效性。

　　教育部印发的《教育信息化 2.0 行动计划》中就提出要构建"互联网＋教育"的大平台，构建"互联网＋"条件下的高等教育人才培养创新模式。信息化时代不但要求高职英语教师必须具备较强的相关专业学科技术知识与专业综合应用能力，还需要英语教师必须具有适应各类产业发展需求的专门知识和实践能力，了解各类产业最新技术与行业发展的动态，及时调整自己的教学内容。高职英语教师既可利用职业院校提供的数字化资源在线平台，学习优质的教学案例，还可以通过职业院校信息化教学大赛的服务平台，了解职业院校信息化教学大赛的最新动态、掌握职业院校信息化教学技术的应用情况，不断更新高职英语教师的教育与课程管理思想，主动进行职业院校高职英语信息化的课程体系建设和教学改革。

二、重视教师情感调适

英语教师情感对高职学生的英语学习和教学效果有很重要的影响和作用，情感可以激发学生的学习兴趣和动力，有利于学生的身心发展，也能感染学生的学习热情。教师通过广博的知识、专业的素养和有趣的教学手段来激发、调动和满足学生的学习情感需要，促进教学活动的顺利进行并达到良好的教学效果。英语教师利用情感因素可以缓解高职学生对于英语学习的焦虑心态和烦躁情绪，同时能给他们以适度的紧张感和压力，让高职学生感受到进步的成就感，又要通过努力达到学习目标，这样可以激发他们的学习动力，挖掘出他们的学习潜能，增强学生的学习自信。情感因素可以间接影响到学生的英语学习效果和学习兴趣。

教师在英语教学中用情感因素激发学生对英语的学习兴趣，让学生在轻松快乐的情绪中进行学习，便于接受知识和巩固知识，教师在教学的各个环节用积极的思想、积极的情感、积极的精神面貌带动学生去学习知识。在教学中增加师生互动，有利于促进和谐的师生关系，提升和优化英语教学效果。

心理学研究表明，教师的人格魅力、语言魅力、知识魅力、精神魅力等都会感染到学生，把美育知识融入英语教学中，可以陶冶学生的情操，带动学生的学习兴趣。

良好的师生关系可以增强学生的学习兴趣，减轻学生的学习压力和紧张感，缓解学生对英语学习的厌恶情绪，有利于营造良好的英语学习和教学氛围，使英语教学过程变得有魅力，吸引学生集中注意力，使学生的学习兴趣在这样的氛围内得以提升。教师一视同仁，用公平之心、真诚之心对待学生，鼓励学生参与教学活动，对学生给予肯定，让学生充满自信。

三、加强教师教学常规管理

高职院校英语教学部应该加强英语教师的教学常规管理，经常进入以及深入英语教师课堂旁听英语课程，了解英语教师课堂情况，把英语教师教学评价和教师的职称、评优相结合。对于讲授英语形式多样、课堂活跃的教师进行宣传，促进其他教师多来听课学习。

同时，还要发挥英语教研组的整体力量，要在英语教研组内部经常开展一些形式多样、有实际效果的教研活动，使高职院校的英语教师真正投入英语教学当中，通过教研活动来提高教师教学能力。

四、打造高水平国际化师资队伍

教育的本质属性决定了教育发展必须适应社会的发展，也决定了教育所培养出来的人必须与国家发展和社会需求相适应。教师是教育实践的主体，是人才培养过程中的主导，教师的国际化程度直接影响所培养的学生的国际化水平和质量，在强调人才内生培养的新格局下教师的作用更加重大。

首先，高职院校要加强对英语教师国际化理念的培养。相较于英语课程的国际化，英语教师的国际化育人理念对于学生的国际化发展具有更长远的影响。具有高水平国际化素养的教师，对于所从事的学科具有更广阔的国际视野，愿意积极地同国际上的学科同行保持密切的联系，从而通过自身的教学向学生传递前沿的国际化知识，在潜移默化中帮助学生形成国际化的价值观。国外国际化水平较高的大学都非常重视培育教师的国际化理念。教师的国际化理念在国际互动中不断得到强化，并且最终作用于国际化人才的培养。

其次，高职院校要加快构建多元化的教师国际化培训体系，培育本土国际化师资队伍。双循环新发展格局下对本土人才的需求加大，高职师资队伍国际化建设不能只培育国际化精英，而要从教师全体国际化出发，提高教师整体国际化层次。因此，高职院校应积极建立外培、内修等多种形式相结合的培训平台，内外兼重培育国际化师资队伍。外培首先是高职教师出国学习。通过出国参观、考察、访学等活动，教师在浸入式的国际化环境中学习国际化的教学理念、接受异国文化熏陶，从而在英语教学过程中主动改进英语教学方法，增加双语教学意识，注重知识学习与学生的双向互动，从而提高英语教学质量。高职院校应为教师参与跨国科研合作与交流提供平台，让高职教师参与国际化的科研环境。通过与不同国家、不同文化背景的学者共同进行科学研究工作，不断产生新知识的碰撞，从而帮助英语教师及时获取英语学科国际发展最前沿的知识，拓宽教师的科研思路，提升学术成果的国际化水平。内修是高职院校营造国际化的内部环境，建立校内教师国际化长效评价机制。高职院校要明确国际化师资队伍考核标准，采取分类管理制度，根据岗位类别实施分类考核，形成既符合国际化发展要求，又具本土特色的评价考核机制。高职院校要为高质量的国际化人才提供开展国际化教学和科研的基础支持，包括资金、自主科研等。对于工作性质不同于国内的国际化人才要采取灵活多样的考核方式，既要符合高职人才管理制度，又要兼顾人才发展的需求。通过不同的奖励机制来鼓励优质的人才积极参与教学和科研工作，提高教师育人和研究素质能力，实现养用两不误的双赢局面，打造一流的国际化师资队伍。

在培养本土教师的国际化的同时，应提高本校的人才吸引力，吸引优质的外籍教师来校任教，对外引进国际化人才是高职建设高水平、国际化师资队伍的重要一环。外籍教师是国际化师资队伍的重要补充，是优化国际化人才培养模式的有效途径。高职院校应提升办学实力，以网络等信息媒介为平台，积极地对本校的校园文化、工作环境优势进行推广和宣传，从而吸引国外优质人才加入本校的国际化建设，通过为外籍教师营造良好的生活以及工作环境，让外籍教师对英语教学工作产生强烈的认同感，从而不受干扰致力于教学，发挥自己既有的教学优势。高职院校应以良好的师资队伍保障国际化人才培养的质量，让学生能够在多元化、国际化的英语课堂以及师生交往中培养自身的跨文化沟通技能，学习国际化知识，养成国际化素养。

第二节　高职英语人才培养的优化

一、优化人才培养专业课程设置

课程是知识的载体，是学校实现人才培养目标的主要路径。学生知识、技能水平的发展好坏与课程设置是否科学、合理以及课程内容质量的高低有着直接的关联。高职院校在英语专业课程的设置上要尤其注重英语课程教学内容与国际化发展需求的对接，并优化课程的系统性与层次性，以培养英语理论知识与行业应用能力兼备的复合型英语人才。

高职英语教学不仅要注重语言学习本身，同时也应该通过语言学习创造更多的价值。高职英语教学应该以市场和社会需求为导向，以实用为主，培养精通英语、具有良好专业素质和职业道德的高技能英语专门人才。因此，应该对职业要求有足够了解，进而确定需要学习的相应内容。高职院校可以将英语学习分为基础英语和专业英语两个模块。基础英语课程注重学生听说读写基础能力的培养以及用于日常交流和考试等方面的能力，为专业英语的学习奠定基础。专业英语课程重视英语知识与本专业的衔接与实际应用。在实际教学过程中，讲授内容应与本专业知识联系十分紧密，从而全面提升学生未来在实际场景中的语言应用能力。在英语课程设置中，始终注重英语能力和专业技能提升的有机结合。

高职院校要调整课程结构，增加国际化英语课程内容，协调专业课和通识课课程比例。国际化课程是国际化知识的主要载体，国外国际化水平一流的大学十分注重国际化课程的设置。高职院校要以本土课程为依托，加强高水平双语课堂建设。双语课程是高职实现国际化人才本土培养最快速、有效的方式之一。在双语教学中语言不再是学习的目的，而是实现学习目标的手段。教师在课堂上用英语传授知识，使学生浸润在英语语言学习环境中，学生不受制于母语的思维惯性，获得更开阔的思维和长久的国际化发展。

二、优化人才培养质量评价体系

高职院校人才评价体系的完善，是检验英语人才培养质量的关键性因素。学生的学习成绩是其学习成效的呈现形式之一，教师在设置评价体系时应考虑成绩的占比，不能完全将学生的学习成绩与学习成效画等号，以便更客观、更全面地衡量人才的培养质量。

就考核内容的设置而言，教师在关注学生书面英语成绩的同时，应适当增加语言应用实操技能类的考试，兼顾英语语言知识与语言应用能力的考查，以贴合国际化发展对于语言服务类人才的需求，教师应转变教育评价观念，在以过程性评价和终结性评价为主的教师评价体系的基础上，积极构建学生评价体系，引导学生自我鉴定学习成效，从个人层面分析所学专业知识扎实与否，以提升学生的自主学习能力，培养具有思辨意识的复合型英语人才。

三、优化校企合作人才培养模式

从国家角度来讲，作为高等教育的重要组成部分的高职教育，具有一定的社会服务功能，高职院校英语人才培养主要是为了服务国家各地区的经济发展。高职院校为提高人才培养质量，与企业相互合作，并充分利用了企业内部真实环境来提升教师的实际教学水平，不仅实现了多元化渠道的开辟，还推动了传统教学模式变革。英语人才培养基地的建设是当前校企合作模式下的重点任务，除此以外，高职院校可利用自身优势为企业提供全面的、多功能服务，该服务主要包括对企业职工的入职培训、在职培训以及企业管理和技术改革、产品工艺研发等方面。

四、优化国际化英语人才培养

教学是教师的教和学生的学所组成的一种人类特有的人才培养活动。在这一活动中既要注重教师的主导地位，也要重视学生的主体作用。高职国际化教学体系的完善直接作用于高职的国际化人才质量。在国际化人才培养的课堂教学中，教师要注重教学方法的选择，以促进学生掌握国际化知识、发展国际化能力为出发点。因为国际化知识的学习以及国际化能力的发展是一个长期的过程，因此，在教学中，教师要多采用练习、实习作业等以学生为主体的教学方法。学生通过对相关国际化课程的资料检索，可以更好地参与课堂，增加对课程学习的信心和兴趣。

高职院校要丰富国际化教学组织形式，以启发式、探究式等学生参与度高的形式引导学生参与国际化课堂，培养学生的国际化素养。学生作为教育教学活动的参与主体，在国际化人才培养中，学生的国际化参与是学生国际化发展的基础，所以教学组织形式影响甚至决定了教育教学的质量和效果，对学生的国际化发展具有不可忽视的重大作用。除专业课以专业划分进行授课，人数较少外，其他的各类课程都是大班上课，人数众多，以教师讲授为主，学生的参与度很低，也无法与教师进行深入的互动。在教学中，教师的讲解应以引导示范为主，学生只有通过自身的思维和行动操作，经过自己的自主实践和参与，才能够灵活地掌握国际化知识，养成国际化的思维方式，并将国际化的知识内化为自己的国际化素质。因此，在国际化人才培养的教学中，必须选择多样的能够突出学生主体性的教学组织形式，从而提升国际化人才培养的质量。

高职院校要加快完善学术科研制度建设，提升高职学生国际化学术研究能力和水平。学术科研是人才培养的重要一环，是提升国际化人才质量的重要教学制度。高职院校要重视对国际访学、跨国科研合作等制度的建设，不断加大对高职学生科研国际化能力的关注和投入。国际访学可以为学生的国际化发展提供充足的条件，对于开阔学生的国际化视野，获取优质的国际化学习资源和多样化的发展机会具有积极作用。完善国际化访学制度可以通过增强访学项目的学术性、丰富国际访学项目种类、加大对学生参加丰富访学项目的支持来实现。同时还要注重科研制，加强科研合作。科研合作是培养学生国际化能力的有效途径，导师要注重对学生科研能力的培养，给予学生参与国际化研究课题的机会、加大对学生参与国际化科研项目的指导力度。通过在教学评价中设置相应的国际化科研评价内容和标准，引导学生重视国际化学术科研能力发展。

新发展格局对高职院校的国际化人才培养提出了更高的要求，加快国际化人才培养管理体系改革，完善国际化人才培养模式是应对新格局挑战的必然选择。

在管理理念上，学校要实现从管理者转向服务者，以促进学生发展作为实施国际化人才培养模式的根本理念。高职院校的职能之一就是培养社会所需的人才，服务社会发展。我国对国际化人才的数量和质量都有了更高的要求，为了实现国际化人才的内循环培养，学校必须树立与国际化人才培养相契合的管理理念，以正确的培养理念开展人才培养活动。

在教学管理方面，学校必须改变传统的按专业进行模式化的管理，实施扁平化管理，以减少国际化人才培养活动中的制度性障碍。扁平化管理模式在企业中运用得最早，该模式压缩了管理层次和职能部门，加强决定者和执行者的直接联系，从而提高企业效率。该管理模式具有灵活性和有效性，其典型特征则表现为根据任务和流程需要设置机构，精简管理层，减少中间层级，拓宽管理幅度，决策权分散在组织系统中，权力和资源均集中在基层，强调成员和组织的共同成长与发展。这一模式运用于高职管理模式中可以有效减少高职院校因规模和职能的扩张而引起的效率低下问题，完善高职院校的组织结构。扁平化管理在改进高职国际化人才培养模式缺乏灵活性等方面具有借鉴意义。首先是按照学校办学和国际化人才培养目标的实际需要设置相关的部门，为实施国际化人才培养活动提供支持与帮助，并且分别为国际化人才培养模式各要素服务，分工明确，运行高效。学校改变传统的院校二级部门进行管理，使学校最高层的决策者可以与一线管理者以及教师直接进行沟通，减少层级障碍造成人才培养过程中具体问题的有效解决。其次，在对师生的管理方面，学校应将资源和权力下移至教师基层组织中。院系是人才培养的主要场所，课程设置与专业调整以及开办活动也都应该由院系自主开展，从而能够更好地从学生国际化素养发展的实际需要出发，进行相应教学活动的开展。

在学生管理方面，学校应注重为学生提供平等的交流与沟通的途径，将学生作为独立的主体，培养学生对学校人才培养模式的认同感，从而以学生自身的发展促进学校的进步，实现同步成长，既能够实现学生国际化素养的发展，也能够反过来推动学校国际化发展进程，从而实现国际化人才的良好运转。

第三节 高职英语课程思政教学改革

英语课程思政即通过挖掘英语课程中的思政元素，将育人理念同英语知识传授有机结合起来，旨在讲授英语语言知识的同时，植入正能量的价值观元素，在学习中践行社会主义核心价值观的内涵。本节从教师、学校和地方教育部门三个方面阐述了高职英语课程思政教学改革的策略。

一、教师方面

(一)加强课程思政建设的意识和能力

高职英语教师要着重加强课程思想政治建设的意识和能力。要促进高职英语课堂教学中课程思想政治的融入,英语教师的态度至关重要。教师是课堂教学的资源提供者和引导者,因此课程思政背景下的高职英语教学就要求教师具备专业的知识能力和文化素养。学校是学生接受思想政治教育的主渠道,教师则肩负着教书育人的重要使命。教师在日常学习生活中应该提高课程思政意识,主动阅读一些中华优秀传统书籍、关注国内外发展近况,多了解,多发现,提高自身文化修养。教师可以通过网络、微信公众号等渠道寻找课程思政教学的相关培训会议,加强理论方面的学习,巩固自身课程思政理念。教师在课程思政教学过程中应注重理论与实践相结合,及时反思。素质教育要求教师在教学过程中要因材施教,课程思政教学亦是如此,具体建议如下。

①高职英语教师要提高对于在课堂教学中融入思想政治教育的重视程度。高职英语教师只有从内心深处重视思想政治教育,才会以潜移默化的方式净化学生的心灵。

②高职英语教师要坚持立德树人的教育理念。习近平总书记多次强调要落实立德树人根本任务,"人无德不立,育人的根本在于立德"。普通高职英语课程是高职阶段全面贯彻党的教育方针、落实立德树人根本任务、发展英语学科核心素养、培养社会主义建设者和接班人的基础文化课程,具有工具性和人文性融合统一的特点。

③高职英语教师要加强自身思想政治素养和理论水平,为学生树立起良好的榜样。苏联教育家苏霍姆林斯基说过:"真正的教育是从教育者的素质开始的。"英语教师不仅仅是语言知识的传授者,也是学生情感态度价值观的引导者。要想在课堂教学中有效融入思想政治教育,英语教师首先得拥有良好的道德情操,"德高为师,身正为范"。同时,高职英语教师应该加强对于"英语课程思政"的理解与深入研究,了解更多课程思政相关理论并运用于实践当中。

④高职英语教师要树立终身学习理念,不断善于自我反思。科技在进步,知识也在与时俱进,教育理论更是在不断更新与发展,作为新时代下的英语教育工作者,紧跟时代步伐,减少与学生的代沟,不断充实自我是大势所趋。

（二）贯彻课程思政融入英语教学全过程

高职英语教师应将课程思想政治融入课堂教学的全过程，把课程思想政治建设贯穿到课前备课、课中（课堂教学）和课后（作业、考试）等各个环节，主要涉及英语课程思想政治教学目标、内容、模式、方法和评价各个方面，具体建议如下。

①在英语课程思想政治教学目标方面，教师应充分体现英语学科核心素养的要求。英语教师不仅要重视语言能力和学习能力，更要加强学生文化意识和思维品质的培养。学科核心素养是学科育人价值的集中体现，是学生通过学科学习而逐步形成的正确价值观、必备品格和关键能力。基础英语课程重在人文精神和社会主义核心价值观的融入，行业英语课程重在职业精神和工匠精神的渗透，致用英语课程重在竞争与合作精神以及国际视野与情怀的培育。具有英语学科特色的思政内容建设目标可从两个角度切入：在知识建构和能力培养目标中增加道德维度；品格塑造和价值引领目标凸显英语教学的特色，形成独特的英语思政德育目标。因此，高职英语教师应在知识目标的前提下融入文化意识和思维品质的培养目标，引导学生理解"人类命运共同体"理念，形成平等、包容的文化价值观，同时也应注重培养学生的批判性思维能力。

②在英语课程思想政治教学内容方面，教师应充分利用教材，提高选择和挖掘教材中思想政治内容的能力。教材在教师的教与学生的学之间起着中介作用，教师通过教材向学生传达知识内容和情感态度价值观，学生通过教材获得知识，形成自己的人生价值观。教师只有深刻研读教材，吃透教材的每一处教学设计，才能凝练出教材所要传达出的文化价值观，在潜移默化中进行适度的思想政治教育，选择好英语学科与思想政治教育的契合点。

③高职英语教材中涉及了文化、地理、名人、科技、医学、自然灾害、环境保护等单元主题。教师通过深度挖掘思政元素，不仅能够增强学生对英语文化的理解，而且会加深他们对祖国文化的了解和热爱。对于已融入中国传统优秀文化、健康饮食、理想教育等的教师来说，应该深入准备思政教学素材，利用教学媒体播放短视频，用英语讲好中国故事，积极践行社会主义核心价值观。

④在英语课程思想政治教学模式与方法方面，教师应关注学生的主体地位，课堂教学要丰富教学方法，采取线上与线下、课堂教学与课外活动、班级文化设计等多种教育手段相结合的方式进行思想政治教育融入，达到"春风化雨、润物无声"的教学融入效果。学生是教学的主体，教师应激发学生的学习积极性，充分发挥学生的主观能动性，做好引导者的角色，坚持以人为本的教学理念。教师应该在课堂教学中采用多种教学方法，如任务型教学、项目式教学、混合式教学、

探究式教学、合作式教学、翻转课堂等。在充分利用多媒体辅助性教学资源的同时，实现线上与线下混合式教学。在具体教学活动中，教师可以采用角色扮演、情境设置、小组讨论、游戏、辩论等教学活动，在活动中潜移默化地融入思想政治教育。

⑤在英语课程思想政治教学评价方面，教师应该改变传统的重视成绩的评价方式，注重对学生德智体美劳等综合素质的评价。教师在日常教学活动中不能只夸赞成绩优异的学生，也要对班级中的体育健将等模范先锋提出表扬。在课程思政教学的评价体系中，可以将英语课程思政的践行效果融入学生的评价体系当中。首先，教师可以采用定性评价，通过课堂观察、教学日志、个人日记等方法反映课程思政的践行效果，对学生的教学评价应将教学过程中的定性评价与定量评价相结合。其次，注重课程思政教学评价的多方面性，教师可以采用"线上+线下""课内+课外"的评价体系，多方面衡量学生的发展。教学评价体系也应该注重形成性评价，对学生日常生活中所表现出的良好品德、情感与态度等做出及时性反馈。最后，教学评价不应该只局限于教师给予学生的终结性评价，在教学评价过程中可以采取师生互评、小组互评、学生互评的方法，促进课程思政教学的发展。

二、学校方面

高职院校应该建立健全课程思政激励机制和评价体系，加强思想政治教育的普及与实施。各学校要保持紧密合作关系，结合国家指导纲要，大力落实课程思政指导教育工作，具体建议如下。

（一）建立长效制度保障

任何一项教育理念或者教育模式的实施，想要达到理想或期待化效果，都要将相关的制度作为前提，课程思政的实施亦是如此。高职院校课程思政建设要做好顶层设计，统筹规划，建立常态化的行之有效的领导机制、管理机制、运行机制及评价机制，这同样适用于基础教育阶段。

首先，从领导机制而言，学校可以设置专门的课程思政监督小组，小组成员应该对课程思政理念和课程思政前沿信息有透彻的了解，同时小组成员应具备一定的领导能力，从宏观层面落实课程思政的实施；就管理机制而言，课程思政监督小组可以设置师生监督、师师监督的方式，从微观层面落实课程思政的实施，让教师同伴或者学生去评价课程思政的实施现状；就运行机制而言，学校可以利用广播、微信平台等多方媒介，渲染"处处有德育、处处讲文明"的氛围；就评价机制而言，可以采用形成性评价的方式，通过课堂旁听、学生访谈、教学日志等方面检测教师课程思政教学的效果。

其次，学校可以设置学生评价机制，学生是课堂教学的直接受益者，由学生为教师亲自评教是判断教师思政育人效果的关键，同时也侧面反映出学生的思想教育成长。

（二）加强课程思政普及与管理

大力加强课程思政普及力度与监督管理力度，高职院校应根据中央文件指导纲要发布具有学校特色的课程思政实施文件，英语教研组应根据学校的指导文件制定出体现英语学科特色的能够体现出英语学科核心素养的具体教学指南。

（三）实施课程思政培训机制

组织实施课程思政培训机制，开展关于英语学科思想政治教育的专题培训并纳入考核，利用网络教育资源进行线上与线下相结合的培训。培训类别可分为岗前培训和在职培训，培训内容要融入大量思政教学素材与教学案例。可以从培养学科带头人开始，再逐级普及。教研组可以针对党员、硕士、班主任和年龄较大的教师进行首批学科思政带头人，举办党员示范课、课程思政研究小组、思政主题班会和教师座谈会等活动。

完善教师考评机制，注重教师考评的多样化与全面化。教师评价机制即教师素质评价、教师职责评价以及教师绩效评价。教师素质评价内容可分为社会道德素质、思想道德素质、身体心理素质等方面；教师职责评价内容分为科研能力、教学能力、育人能力等方面；教师绩效评价分为公开课、教学成绩、教师日常教学情况等方面。同时应将学生评价、家长评价和同事评价也纳入其中，学校、教师、学生和家庭形成联动机制，共同促进英语教师综合教学能力的提高。

（四）优化课程思政教学环境

学生作为国家事业发展的接班人，其思想政治教育的发展关乎国家的未来。课程思政作为一种隐性教育，在英语教学中渗透思政元素、提高学生的思想道德修养不是一蹴而就的，这是一个长期发展的过程。因此，学校不仅要设置相应的思政教育制度、加大思政教学投入，更要在日常生活中优化思政教学环境，潜移默化地影响学生的思想道德修养和价值观念。首先，创设良好的英语阅读课堂教学环境，通过隐性教育潜移默化地对学生的思想观念产生积极影响。其次，学校可以举办与文本主题相关的思政校园实践活动，例如演讲比赛、配音大赛等。通过设置"自强""自信""合作"等积极向上的主题，让学生在锻炼英语专业知识的同时感知实践活动中蕴含的课程思政元素，提升学生的思想道德修养和价值观念。

三、地方教育部门方面

地方教育部门应加强课程思政的组织与实施，促进学生对课程思政理念的深入理解。

首先，各地方教育部门要与学校形成自上而下的统一思想，做到上行下效，加强政策运行力度。例如，各地教育部门应根据《高等学校课程思政建设指导纲要》制定出符合高职学生的课程思政实施方案，英语教研组应及时根据英语学科特色制定具体的英语课程思政教学方案。具体到英语学科，各英语教研组需要根据学校政策引导组建英语课程思政教学团队，定期开展英语课程思政示范课程，并建立英语课程思政教学监督小组，以此确保英语课程思政的有效实施建设，以此达成由上至下的具备体系化的课程思政实施方案。

其次，各地方教育部门要大力支持学校课程思政建设，加强示范引导，加大资金投入，提供教学媒体技术支持，健全监督机制。例如，各地教育部门应发放一定量的课程思政教育基金，使各级各类中学都能实现多媒体教学。同时，各地教育部门应倡导各高职院校积极组建课程思政教学团队和研究示范中心，定期开展课程思政示范课程，启动建设系列课程思政资源库，及时获取各高职院校的实施课程思政实施进展与成果。

第四节 高职英语实践教学体系构建

一、明确实践教学目标

高职院校的定位是培养高技能应用型人才，全面提高学生英语综合应用能力，这是高职教育的最终目标，此外，还可以根据专业特点和社会需求制定相应的子目标。目标体系决定着实践教学体系的深度，与以后的教学内容也有很大关联。高职学生要熟练掌握教材内容，具备足够的知识储量，能够应对一些简单的英语对话；在专业能力上，要熟悉实践活动的程序，能够书写正式的文书，不断积累学习经验，独立解决工作上的障碍。

二、实现多样化实践教学

（一）加强校内实训基地建设

增加校内英语学科实训基地数量，完善实训条件，为学生的语言、创新创业等技能仿真模拟操练提供更多更先进的软硬件设施；提高已有校内实训室、工作室的使用率，将课堂上的实践教学内容与实训室软件内容相结合，让学生尽可能多地采用实训室的仿真软件进行模拟操练；实施预约制度，学生可以向实训室管理员提前预约，在课外时间也可进入实训室操练；开展团队入驻活动，每个工作室都安排团队入驻，在教师指导下进行项目培育与孵化。

（二）促进校企深度合作

充分利用英语专业教师的资源，拓展校外实践基地，为学生提供更多校外跟岗或顶岗实习的场所；加强校企沟通与合作，让已有的校外实践基地使用率最大化；校企合作编写"以任务为指引、以能力培养为目标、以实践情境为依据、基于任务驱动教学模式"的实训教材。

（三）建设高职英语社团

英语社团是高职英语教学的一种有效的第二课堂形式，可以有效地帮助那些对英语具有强烈爱好的同学通过不同于课堂教学的各种校园活动提高英语的语言知识和西方国家的社会文化。

通过高职院校英语社团可以有效发挥出语言学习以及文化认知的双重作用，不仅能够提高学生的英语应用能力，同时还可以加深其对于国外文化的认知程度。学生通过英语社团不仅能够对英语的语言表达能力进行提高，同时其对于英语国家文学也有了一定的了解。通过开展英语社团可以有效增强英语的趣味性，借此有效激发出学生学习英语的积极性，可以让学生通过多样的社团活动进行英语学习，有效提高英语学习的趣味性，同时还能够让学生在社团活动之中锻炼自身的英语口语表达能力、英语思维以及阅读能力等多方面的综合素质。此外还可以通过英语社团活动加深对于英语国家文化知识的了解来辅助英语教学，之后通过开展活动提高英语趣味性，借此激发学生学习英语的兴趣，提高学生的综合素质。通过英语社团进行辅助教学则不同，多种多样的教学活动不仅有效丰富了英语课程教学的内容，同时也大大提升了课堂趣味性。并且通过英语社团辅助教学还可以将很多英语教材之外的内容传授给学生，有效拓宽了学生的知识面。英语社团在高职院校之中已经等同于英语教学工作的第二课堂，其可以有效帮助学生将在

第一课堂上学习到的知识进行融会贯通并将之升华。通过英语社团学生还能够提前为以后的工作打下基础，有效提高其自身的市场竞争力。

要想充分发挥英语社团在高职英语教学中的作用，就必须在高职院校内建立形式多样的英语社团，例如，莎士比亚戏剧社、影视剧社、读写社和翻译社。其中，莎士比亚戏剧社主要是组织学生对莎士比亚戏剧进行表演，另外还能够对学生的英语口语能力进行科学的指导，从而帮助学生更好地揣摩戏剧中的人物心理、行为和表情，进而加深体会戏剧中所要表达的中心思想，并可进一步对戏剧的字幕进行英汉翻译。莎士比亚戏剧社配有专业教师来对学生进行培训，学生通过参加戏剧比赛来训练口语能力，从而能够在公众前充分展现其英语风采，并能够更加深入地研究莎士比亚戏剧，对英语文学有一个更加深入的了解。通过对戏剧中的台词进行字幕翻译，还能大幅提高学生的英语实践能力，使其能够在娱乐中提高英语运用能力。影视剧社中，学生可以观赏到许多类型的英语经典影片，并从影片中挖掘出自己认为经典的对白，以影片角色的心理活动和故事情节来开展辩论和赏析，并且还可以由多名同学按照影片中的对白来进行表演和模仿，并按照影片中的语调来进行模仿，使学生能够在英语影片中了解各种英语词汇的运用。同时，还有助于英语的记忆，可以全方位提高学生的英语听说能力和赏析能力。此外，学生从影视剧社中还可以学习到更多知识，并结交更多志同道合的朋友，从而使学生在繁忙的学业中体会到乐趣，释放了沉重的学习压力。读写社中，主要是组织学生进行英语阅读和写作，以提高学生在阅读和写作过程中对英语的运用能力，并激发其学习兴趣，学生可以找到与自己志同道合的朋友来共同阅读英语著作，并从中记录优美的词句。同时也可以和其他同学共同讨论自己的见解，这样既可以使学生的视野变得更加开阔，而且也能提高学生的阅读能力，使其从更多英语著作中了解西方的文化风俗，进而提高自身的英语写作能力。翻译社中，学生可以锻炼其英语运用能力，充分发挥自身特长，并对各种英汉文章进行尝试翻译，帮助学生将课堂中学习到的知识有效应用到英语翻译之中。这样既可使学生对英语理论知识有一个更加深刻的认识，同时也使学生在英语翻译中锻炼其翻译技巧，教师也可为学生的英语翻译提供帮助。

英语社团在高职英语教学中发挥着巨大的作用，因此高职院校必须确保英语社团活动能够顺利开展，以此弥补传统英语教学所存在的不足，使学生在英语社团中能够全方位地训练其英语写作、口语交际、阅读赏析等能力，这样才能保证高职院校培养出大批符合市场需求的高素质复合型英语人才。

三、提高教师实践教学能力

现在高职院校专业发展的主流模式是校企合作，学校企业共同培养学生，同样的道理，企业也可以培养英语教师，使英语教师深入企业，和企业交流，进而了解到企业的用工需求，反映到学校课堂之中，将英语课堂和实践相结合，在英语课上用英语讲解企业专业知识，进而提高实践教学能力。这种方式对学校和教师的水平要求很高，但是这种方式一方面使学生直接学习英语实践知识，另一方面也能提高学生的学习积极性，激发学生学习英语的内在动机，最终达到学生将学习和实践相结合的效果。高职院校的大部分英语教师在此方面仍然是非常缺失的，长期的语言教育体制下，虽然其具备了理论知识的素养，但是，针对高职英语的实践教学素养，还需要进一步提升。

将高职院校的英语教学同学生的职业教育相结合，最好的办法就是教师可以跨学科教授，在教授英语的同时，也可以用英语教授一些简单的专业知识。跨学科教授专业知识最需要的就是提高教师的实践教学能力。为了高职院校以后更好地发展，应该着手优先培养教师的实践教学能力，让英语教师进入学生所即将进入的企业或者单位进行学习，调查分析用人单位的社会需要，这样培养出来的英语教师既有英语专业知识，又有实践教育的素质，这才是高职院校所需要的教师。不论是高职院校培养的具备跨学科能力的教师，还是招聘的多学科、高素质教师，强调的都是教师的英语实践能力，所有的教学制度、教学准备和教学内容都应该从上而下和由下而上相结合地为高职特色的英语教学实践而服务。在做好英语理论讲授和实践教学工作的同时，高职院校也要给英语教师提供更多的机会去进行跨专业认知学习和培训，尤其是高职院校的行业特色学习和实践；并邀请权威专家来校举办相关培训讲座，传授高职英语教学的最新理念，提升教师整体的专业创新能力。同样高职院校英语教师也可以深入企业去调研，了解社会企业对学生英语知识的需求点，这样英语教师可以根据用人单位的需要去安排课程，在今后的英语课程讲授中，把行业真正需要的英语知识和技能进行延伸讲解，真正做到理论联系实践，实践又在教学中指导理论学习。

四、健全实践教学管理保障体系

高职英语实践教学还要健全实践教学的管理保障体系，采取教务处管理、学院具体负责、教研室落实和教师实践指导等的管理方式，保障高职英语实践教学工作的顺利开展。同时还要提高高职院校师生对英语实践教学体系的认识，完善管理制度和保障体系，提高组织管理水平，完善实践教学组织的保障系统。这样才能保障高职院校英语实践教学能够取得良好的教学效果，层次分明、工作明确的保障体系也从根本上提高了高职英语实践教学的质量。

第五节 高职英语数字化教学资源建设与应用

数字教学资源是指经过数字技术处理并运行在多媒体计算机和网络环境中的软件教学资源。数字化教学资源是利用数字技术和信息技术将传统教学资源的数字信号传输到网络上的多媒体教学。数字化教育资源有两个要素：数字硬件教育资源和数字软件教育资源。在实施过程中，数字化教学的资源依然是教师和学生完成教育目的的重要手段，但是在资源的总量和质量上都有很大的改变。

一、搭建以学校为中心的课程资源建设平台

以学校为中心，促进校内高职英语教师与专业教师的横向合作，了解专业及行业领域的发展，收集课程资源素材。高职英语教师与学科专业教师的合作要以培养能力为主线构建课程，强化英语课程的实用性。高职英语在提升学生素养的同时，还要满足能力本位的培养目标，突出职业特色。高职英语教师跨学科间的合作有助于教师根据学生的入学水平、专业涉及的职业方向，通过选择、改编、整合、补充、拓展等方式开发课程资源，打破英语教师知识本位的束缚，促进教师围绕新技术和新产业发展更多的课程资源。

加快不同层次学校间的纵向联合。衔接中、高、本职业教育是完善现代职业教育体系的根本要求，学校层面应支持英语教师与不同层次职业学校英语教师之间的合作，以专业为依托，开发适合地区培养目标的高职英语课程资源。例如，不同层次学校英语教师之间实现资源共享，结合职业特色，教师整合出简单、一般与较高不同水平的教学素材；教师合力开发模块式课程、活页式教学资源，实现资源共享的同时，促进了高职与职业本科院校学生英语教学的衔接。

二、提高学习资源鉴别能力

网络自主学习是一种信息多向交流的活动，学生在面对海量的英语学习资源时，会进行多方对比，在集思广益、取长补短的整合优化过程中促进了新知识的意义建构，落实了建构主义学习理念的诉求。虽然利用网络学习平台进行自主学

习有诸多优势，但是高职学生心智还未完全成熟，对一切未知事物满怀好奇之心，易受互联网娱乐、游戏等学习平台之外的信息诱惑，导致学习资源的利用率较低。因此，克服网络学习资源的"双面性"，提高学习资源的鉴别能力势在必行。

首先，英语专业学生自身应树立正确的网络资源观。明确认识互联网是一把双刃剑，是充分利用互联网学习资源的前提条件。然后，学生自身应培养网络自律意识，坚决抵制与学习无关的一切不良网站与无关信息的干扰，做到"慎独"下的网络英语自主学习。其次，构建互助式学习社区，发挥集体对自我的监督作用，例如，加入豆瓣学习小组，每天以打卡的形式分享学习资源，在集思广益之中提高网络学习资源的鉴别能力。最后，加强与英语教师的沟通与交流，在学习工具的使用上、学习资源的鉴别上遇到问题随时与教师沟通，提高获取资源的效率与正确率。

加大教师助力，教师要树立资源意识。教师要利用各种信息资源支持学生的"学"而非教师的"教"。这就要求高职英语教师树立资源开放的理念意识，不再将目光局限于教材和教参，而是充分发挥创新性思维，运用丰富的数字化教学资源来优化自己的教学方法与手段，为学生的网络学习提供有效的学习资源，为学生的网络自主学习建构高质量的学习环境。高职学生也处于人生发展的关键期，最需要精心引导和栽培。然后，培养学生利用互联网检索英语学习资源的能力，由过去的教师操控多媒体变成学生自主地利用多媒体技术进行学习，不是从多媒体信息技术中学，而是自己用多媒体信息技术学习知识。在面对无序排列、数量巨大、丰富多元的互联网学习资料时，英语教师可以适时地收集或推荐一些学习网站，如英语专业学生的网易公开课、在线精品直播课、学堂在线直播课、中国大学慕课等，或者 APP 等学习智能小软件，例如，英语流利说、英语趣配音等符合高职学生最近发展区的移动学习软件，并且教会学生如何检索和获取自己想要的学习资源，促进学生自主学习和终身学习的发展。

另外，英语教师也可以发挥资源整合优化的能力，自己制作微课等优质视频资源、自主设计教学网页、开设英语学习公众号等进行线上增补，促进英语知识和技能的生动化、具象化、趣味化，确保英语专业学生在互联网自主学习过程中获得合适的、正确的、多样的英语学习资源，从而有效提高英语专业学生的网络资源利用率。

提高高职英语教师信息化素养。高职英语教师应增强数字化意识与责任，主动学习数字化信息技术理论和多媒体教学理论，创建互联网背景下的数字化英语教学新模式；在信息化基础能力层面，加强网络工具的应用能力以及网络资源的选择与整合的能力，为学生自主学习平台的构建添砖加瓦；在信息技术融入教学能力层面，建构主义学习理论强调"情境"的作用，英语教师要依托互联网信息技术优化备课质量水平，利用多媒体资源创设教学情境，推进信息化教学的教育现代化进程。

三、盘活国际化校本教学资源

高职院校培养国际化人才需要依托国际化资源。国际化的校本资源具体可以分为两种：一是各类人力资源，主要包括在校的外籍教师、留学生和出国留学的本土教师，另一类是各种信息资源，包括外文数据库和外文图书。开发利用既有的国际化资源，是高职院校丰富隐形课程建设、实现国际化人才内生培养的重要途径。

高职院校既有的来访学者以及留学生是高职院校国际化校园文化建设最有力的人力资源，但国际化校园文化无法自发产生，而是借助于有目的、有意识的文化交流和社会交往实现的。高职院校可以立足学校实际发展需求，通过举办跨文化活动、同室科研、同室上课等方式促进本校学生与国际留学生的国际化交流，利用学生们的不同文化背景，使学生的国际理解能力得到有效的提升，这是培养学生国际化能力和国际化意识最有效的途径，既可以帮助学生理解他人，尊重不同的种族与文化，探讨人类共同的价值理念，同时又能够很好地宣扬本国的优秀文化，获得其他的国家和民族的接纳与肯定。例如，高职院校通过积极承办翻译大赛，本校学生积极地参与并且与不同文化背景的留学生一起合作，更好地明确了语言学习的社会交往作用，在相互交流的过程中扩大了学生的文化视野，提升了学生的国际化素养。

此外，高职院校要加快完善国际化资源平台建设，扩宽国际化知识获取渠道，立足本土国际化发展要求，必须不断地丰富国际化要素，为国际化内循环发展奠定丰富的资源基础。在我国经济、文化影响力不断增强的背景下，各类孔子学院所扮演的角色愈加重要，国际化交往的平台也得到了进一步的拓展。因此，高职院校要积极地认识到孔子学院等文化教育机构的重大作用，通过孔子学院来加强国际间的合作与交往，实现学生的联合培养和学者互访，宣传推广我国优秀的文化，同时充分利用孔子学院平台促成校内国际化课程的建设，在合作中不仅发挥了传播我国优秀传统文化的作用，同时也在对外合作中提升自身办学育人的水平和国际化人才质量，推动了高职院校的国际化建设。

第六节　高职英语职业技能竞赛组织

职业技能竞赛一般指的是根据国家相关行业的职业技能标准及企事业生产和经营中实际运用开展的以主要操作技能和解决实际问题能力为重点的、有组织的竞赛活动。全国职业院校技能大赛是由国务院教育部等有关部门及各有关行业协会组织公司、学术团体和地方共同举办的一项赛事、参赛对象面向国内职业院校在校师生，是对接社会产业人才需求、体现职业教育教学水平的重要赛事。大赛以提升职业院校学生技能水平、培育工匠精神为宗旨，以促进职业教育专业建设和教学改革、提高教育教学质量为导向，坚持以赛促教、以赛促学、以赛促改，赛课融通、赛训结合；各行业协会和知名企业一般在各自领域也会举办技能竞赛，目的是促进校企合作，宣传行业技术，选拔优秀人才。本节从建立完善的职业技能竞赛运行机制、营造良好的职业技能竞赛氛围和充分发挥校企合作的作用等方面阐述高职院校英语职业技能竞赛组织的策略。

一、建立完善的职业技能竞赛运行机制

高职院校开展英语职业技能竞赛，必须做好顶层设计，将开展技能竞赛纳入学校的总体规划，明确指导思想，确定工作目标，设置相关经费，从上到下都要引起高度重视；必须建立完善的组织架构，每一个环节都要责任到人。基于各高职院校的实际情况，学校成立校部英语职业技能竞赛领导小组，以加强对职业技能竞赛的管理，确保职业技能竞赛的顺利开展。

在校级层面制定竞赛管理相关制度，成立校部技能竞赛领导小组，统筹各系部、各实训室，做好职业技能竞赛训练工作。在主管领导的统一推进下，各英语职业技能竞赛项目制定科学合理的训练计划，协调推进各级各类技能竞赛，充分利用好学校现有的英语教学资源，使实训设备达到最大利用率。充分利用外聘的专家建立专家组，赋予他们相应的职权，定期对职业技能竞赛的训练情况进行检查指导。加强组织管理，实行竞赛项目专人负责制，每个竞赛项目配备指定的指导教师，对于参加省赛和国赛的项目，再额外配备一名分管领导，实行领导和指导教师负责制。

英语职业技能竞赛选手的选拔覆盖面广，可以选出合适的竞赛选手。在参与技能训练的选手中，年级段覆盖面也要广，避免出现某个项目的所有竞赛选手集

中在一个年级的情况。最佳的配置是一个项目每个年级段至少有一个队可以参赛，即要建立完善的竞赛梯队，这样的设置可以有效地解决较多问题。首先，学校的师资配备不足，竞赛指导教师还有其他教学任务。当教师不在时，新选手碰到问题时，老选手可以及时给予指导，这样的方式不但帮新选手解决了问题，对老选手的提高也大有益处，这样的模式非常有效，对选手的提高非常快。其次，还能促进选手之间的良性竞争、培养选手的自主学习能力。指导教师需要定期进行点评，及时发现选手存在的问题，并督促改进。

二、营造良好的职业技能竞赛氛围

（一）加强对英语职业技能竞赛的宣传

高职学校要形成"校校有比赛，层层有选拔"的英语职业技能竞赛氛围，使技能竞赛基本覆盖到每个专业，形成积极向上、人人争先的良好局面。加大对职业技能竞赛的宣传，让更多的学生知道技能竞赛，了解参加技能竞赛的意义，萌生参赛的想法。可以通过设置专门的宣传栏，介绍职业技能竞赛相关的信息，公布学校参与英语职业技能竞赛的情况、获得奖项等。对于获奖的项目、学生、指导教师要进行大力宣传，还可以通过学校网站、校刊、微信公众号等推送信息，引导更多的学生向获奖学生学习。鼓励更多学生参与技能竞赛，努力学习专业理论知识，认真参加职业技能实训，从而形成学技能、比技能的良好氛围。

（二）开展校内英语职业技能竞赛活动

高职院校还可以在充分宣传的基础上，根据自身的实际情况，每年举办一次校级英语职业技能节，参赛对象面向全校所有学生，力争做到人人参与。竞赛内容根据实际教学情况分专业、分年级开展，可以将每个专业教学的阶段测试采用竞赛的形式进行，考查学生在这一阶段的技能达标情况，整个过程按照正式竞赛的流程进行，让学生体验紧张的竞赛过程。通过校级技能竞赛可以选拔出一批学生作为正式英语职业技能竞赛的梯队选手，经过一段时间的强化训练，就算最终未能正式参赛，回到班级后还能带动其他学生提高英语竞赛的技能，能有效地减轻实训教师的辅导压力。

（三）形成良好的校园文化

校园文化是广大师生在一定的环境空间中创造的，与社会时代紧密相连，又有自身特色的校园精神和生存环境。英语职业技能竞赛在开展过程中，除了注重获得的成绩和对教学改革的促进作用外，还要进一步提升选手参与技能竞赛的拼搏精神，从而形成独特的校园文化。要把开展校级技能竞赛作为一年中重要的活动，好的校园文化环境能够给技能竞赛的成功举办提供有力支撑，良好的校园文化环境对于技能竞赛的更好发展具有十分重要的作用。

三、充分发挥校企合作的作用

随着职业技能竞赛的开展，企业对技能竞赛的关注度越来越高，参加过职业技能竞赛的学生理论水平扎实、专业技能过硬，更加受到企业的欢迎。通过将企业引入职业技能竞赛，让企业参与英语职业技能竞赛选手的培养，可以强化校企合作的深度和广度，对优化英语职业技能竞赛选手培养方案、提高技能竞赛地举办质量、发挥技能竞赛的功能和影响力具有重要作用。

在英语职业技能竞赛中，企业的积极性、校企合作的深度和广度，成为提高职业技能竞赛质量的关键。在整个职业技能竞赛过程中，校企合作可以在多方面发挥重要作用，适时地将企业引入技能竞赛在学生的整个培养过程中，可以取得意想不到的效果。首先，学校可以聘请企业人员作为技能竞赛的技术指导和裁判评委来缓解学校师资有限和竞赛水平不高的局面；其次，在技能竞赛项目试题的开发中，邀请企业的专业人员参与，借鉴企业对员工的工作要求，为职业技能竞赛供技术支持，更加有针对性地考查学生的英语实际应用能力；最后，学校可以根据英语职业技能竞赛正式考核内容设置一些符合企业生产的技能竞赛项目，为企业培养专门英语人才，企业为技能竞赛提供竞赛场地和设备，可以有效缓解学校实训场地和设备不足的现状，为英语职业技能竞赛的顺利开展提供保证。学校和企业共同参与职业技能竞赛，学校可以得到企业的帮助和支持，企业可以近距离了解学生，最终实现校企双赢。

第七节 高职英语考核评价体系改革

一、建立多元化的考核评价

高职院校要建立一套完善的英语考核评价体系。高职院校的英语教学注重的方向是培养应用型人才，同样注重学生的能力教育，因此，高职院校建立科学完整的考核评价体系，是十分重要的，这样可以更客观地反映高职英语教学状况，可以使教师更加重视对于学生的英语教学。对于高职院校英语教学活动来说，特别需要一套完整的考核评价方式，以及多元化和科学性的考核评价体系，更为有效地支持高职院校的英语教学工作的开展。

多元化的考核评价方式可为高职学生的英语学习提供正确、全面的导向和动力支持。高职学生主要通过教师布置的课后作业、学校组织的考试进行英语学习的评价，因此要优化考核评价方式，改善以学校考试为主的单一考核评价方式。要建立学生考核评价、教师考核评价和以企业为主体的社会考核评价的多元考核评价体系，凸显考核评价的功能性与服务性，使得高职英语考核评价体系更准确、客观、全面。

（一）建立学生考核评价体系

当前高职院校的考核评价体系单一，以传统的英语考试成绩作为对学生考核评价的主要标准，这种考核评价方式不利于激发学生的英语学习积极性，也影响到英语教学的质量。高职院校的考核评价方式应当以学生为主体，不能以成绩作为唯一的评判标准，而应当进行多方面的考核评价，包括学生个人能力、实践能力、课堂表现以及个人智力等。

高职院校英语课堂教师可以根据学生在英语课上的表现做出合理评价，对课下英语实践的结果做出评价，再结合个人的智力和能力以及日常测评结果，综合起来做出一个最终的考核评价，这样考核评价具有一定的科学性，同时也可以激发学生学习英语的积极性。在高职教育中合理的考核评价对学生的影响非常大，企业在校园进行招聘时，大多会看学生的日常评价，用人单位关注的是学生日常行为表现以及是否能够适应社会发展，重要的是能否适应工作岗位需要。成绩体现的仅仅是学生在此次测评中的表现，不具有过程的观察性。因此，高职院校中的英语教师对学生的考核评价应该有一个完整的过程，并且将对学生完整的考核评价正确地传递给用人单位。

（二）建立教师考核评价体系

高职院校同时也要建立一套科学的教师考核评价体系，逐步完善教师考核评价体系，激励英语教师自身的学习和进步。因此，高职院校一定要建立一个多元化的教师考核评价体系，激励教师改革英语教学模式。对英语教师的考核评价体系也应该逐步完善，以英语在课堂和日常教育中的表现作为考核评价教师的标准。英语教学中教师能够在教研组中积极备课、承担教学任务、积极参加英语教学技能大赛、积极参加各级教学培训等优异表现者，学校要制定一套奖励措施。例如，积极参与学校活动并取得成绩的教师可以给予现金奖励、增加工资和假期休息时间等措施；反之则要有一套惩罚措施，例如，有私自调课、下课等行为的教师，应该对其进行批评教育或者情节严重者取消评优资格，等等。

高职院校应该让教师形成竞争意识，不断进行学习和提高。作为一名高职英语教师，多种可能性都将直接影响到每一位在职教师今后的教学生涯，这就要求每一位英语教师必须不断提高，努力学习以不断进步，逐渐改革自身的英语教学模式，增加自己的知识储备。

（三）建立以企业为主体的社会考核评价体系

高职院校在完成自身教学质量体系建设的同时，还要建立以企业为主体的社会考核评价体系，主要吸引校外力量参与校内教学考核评价。高职院校建设的目标就是培养实践技能型人才和应用技术型人才，满足社会发展的需要，因此社会中的企业和用人单位逐渐参与到高职院校的考核评价体系中是非常必要的。能够参与考核评价的主体，客观上都是教学利益的相关者。在考核评价中，评价的主体常常是学院、教师和学生。在学生毕业后，考核评价效果的是社会和用人单位，而社会和用人单位在一定程度上很少参与到高职考核评价活动中。只有包括了社会和用人单位的校外考核评价，建立完善的以企业为主体的社会考核评价体系，才能给高职院校的英语考核评价进一步明确方向和重点。

总的来说，高职院校的考核评价队伍中应尽可能考虑邀请企业专家和用人单位加入；同时，还需进一步建立健全企业和用人单位的考核评价。在考核评价中引入用人单位的后续评价和建议，那么就可以在教学大纲中进行相应修改，对课程设置进行完善。这既实现了英语教学的职业化，又保证了学院英语考核评价的良性循环。

二、完善面向过程的考核评价

在面向高职英语考核评价中多使用过程性评价。社会上有一部分人对高职学生形成了结果性评价的刻板印象，作为一名高职英语教师，要及时肯定高职学生英语的进步，提高学生的自我效能感，使其更好地投入英语的学习当中。互联网时代背景下，网络学习平台由于可追踪、方便记录与存储的功能为形成性评价创造了无限可能，例如数字化学习档案功能，能较好地反映学习者的学习历程和最终结果，为高职学生的学业成绩提供过程评价依据，更好地促进了英语考核评价改革的步伐。

三、完善融入课程的考核评价

建构主义强调要围绕建构主题进行课程安排，对于意义建构的中心任务要加以强化。高职英语教师要在英语课程设计中注入学习评价设计，设置重难点通关任务，根据任务的通关情况预评学生课前的英语学习情况。在课程设计中融入考核评价设计，比如课程内容视频里穿插重难点问题，输入答案才能进一步播放等措施，使考核评价及时化、多样化。

四、构建教学质量评估保障体系

（一）构建校内质量评估保障体系

1. 建立健全校内质量保障决策系统

校内质量保障决策系统主要是由学校有关领导与一些校内或是社会上的权威学术机构组成的，是保障英语教育质量的源头，在整个教学质量的形成与保障中起引导作用。有关人员一定要站在高职院校的特殊性上去思考问题，要立足实际思考未来的发展，在英语教学质量源头上做好把关与引导工作。在实际操作过程中要以高校自身的特色与人才培养目标为基础，对其英语就业岗位、社会需求以及对学生职业能力的需要进行重点分析，确定学生应具备多高的英语水平，合理制定英语教学目标，有预见性地看到问题；要提高高校自身质量保障意识，认清英语教学的重要性所在，明确职能分工，加强各部门之间的联系，确保各项工作的有序开展；要做好英语课程建设与专业发展规划，努力做到统筹兼顾，对教学大纲、教学目标等进行及时审核，为英语教学工作的开展提供有力保障。除此之外，学校应努力创建良好育人环境，注重校风、班风与学风建设，打造良好的校园文化氛围，为公共英语教学提供精神保障。

2. 建立健全校内质量保障管理系统

高职英语教学质量保障管理系统是按照既定方针引导英语教学各项工作的开展。第一，相关人员要根据高职英语的具体要求建立相关的管理制度，做到规范化、制度化管理；第二，要在工作中不断发展问题、解决问题，发挥创新精神对传统管理方法、管理模式上的问题进行改革，切实丰富管理内涵、有效提高教学管理水平，贯彻落实"以人为本"的教育与管理观念；第三，学校要加大投入力度，组织好教务管理团队建设工作，从多方面入手有效提高管理人员的工作积极性与综合业务能力，树立职业责任感与自豪感，为后续工作的开展奠定必要基础；

第四，应重视英语教师团队的建设工作，逐步完善"双师型"教师队伍，不仅要转变英语教师的传统教学观念，着重提高其职业修养与职业道德，更应该鼓励教师向深层次发展，努力朝"科研型""学习型""创新型"教师方向发展。除此之外，学校应不断完善奖赏制度、培训制度与晋升制度，为相关教育工作者提供学习机会的同时，充分调动其工作积极性，这样才能让更多教师主动自发地提高专业素养，为高职院校英语教学校内质量保障体系建设奉献更多力量。

（二）完善校外质量评估保障体系

高职院校的办学宗旨就是面向社会需求、满足经济建设需要。高职院校单一的、传统的教学质量观已被打破，多样化的质量观正在形成，校企合作办学已成为高职教育的办学模式之一。因此，高职英语教学质量保障体系应包含校外评价体系。

随着高职院校英语教学改革的深化，学校渴望了解英语人才市场的需求状况，企业希望从学校得到所需的高素质英语人才，这就要求学校和社会、企事业单位加强联系，通力合作建立由企事业单位负责人、行业主管领导、教育专家、院校有关领导等组成的领导层，负责指导和参与课程开发，对学校的英语专业设置与英语专业培养方向提出建议；参与英语教学活动，促进英语教学质量提高和学风校风建设；实行"招生、培养、就业"相结合，为高职英语毕业生提供就业指导和就业机会。领导层成员可以利用自身优势，第一时间掌握市场动向，督促学校及时调整英语教学内容和培养目标，进一步提高英语教学质量。学校的教学成果需要社会的认可和反馈，只有得到用人单位及时准确的反馈意见，高职院校才能根据市场需求及时调整英语课程教学标准、英语教学目标和培养方向，调控教学质量保障体系。

学生及学生家长的反馈意见也是外部反馈系统不可或缺的部分。因此，高职院校要搞好毕业生跟踪调查工作，建立有效的校外反馈机制，及时回收反馈信息，这是提高高职英语教学质量的另一有效途径。

参 考 文 献

[1] 刘利平,王彦侠."工学结合"模式下高等职业英语课程改革研究[M].北京:世界图书出版公司,2013.

[2] 谭若冰.高职英语教育改革与发展研究[M].长春:吉林大学出版社,2010.

[3] 曹倩瑜.英语教学理论与教学法[M].西安:西安交通大学出版社,2017.

[4] 张爱玲.高职英语教学的反思及未来趋势研究[M].青岛:中国海洋大学出版社,2019.

[5] 史中慧.任务型教学法与高职英语课堂实践[M].北京:中国财富出版社,2019.

[6] 资灿.高职英语教学的发展与创新研究[M].成都:西南交通大学出版社,2020.

[7] 孔丽芳.多媒体技术在高职英语教学中的应用探索[J].产业与科技论坛,2020,19(11):139-140.

[8] 沈宏.探析高职英语教学质量多元评价体系的构建[J].校园英语,2020(45):94-95.

[9] 赵俊.高职英语教学的问题及革新对策探究[J].江西电力职业技术学院学报,2021,34(12):76-77.

[10] 徐江.形成性评价理念下的高职英语教学实践[J].英语广场,2021(34):127-129.

[11] 张红.线上线下混合式教学在高职英语教学中的应用[J].英语广场,2021(12):95-97.

[12] 杨毛毛.高职英语教学存在的主要问题及对策探析[J].知识窗(教师版),2021(5):34-35.

[13] 徐敏，张宁.信息化教学下的高职英语教学研究[J].新课程教学（电子版），2021（5）：169-170.

[14] 陈钦兰.高职院校英语数字化教学资源建设研究[J].广西教育，2021（31）：81-83.

[15] 刘婧.浅谈以学生为中心视角下高职英语教学有效模式的构建策略[J].海外英语，2021（22）：291-292.

[16] 胡军.高职英语教学作用、定位、现状与改革探讨[J].知识文库，2021（21）：112-114.